Marc-Andree Hennekes

33 Ideen Digitale Medien Englisch

step-by-step erklärt, einfach umgesetzt – das kann jeder!

Gedruckt auf umweltbewusst gefertigtem, chlorfrei gebleichtem und alterungsbeständigem Papier.

1. Auflage 2019
© 2019 Auer Verlag, Augsburg
AAP Lehrerwelt GmbH
Alle Rechte vorbehalten.

Das Werk als Ganzes sowie in seinen Teilen unterliegt dem deutschen Urheberrecht. Der Erwerber des Werks ist berechtigt, das Werk als Ganzes oder in seinen Teilen für den eigenen Gebrauch und den Einsatz im Unterricht zu nutzen. Die Nutzung ist nur für den genannten Zweck gestattet, nicht jedoch für einen weiteren kommerziellen Gebrauch, für die Weiterleitung an Dritte oder für die Veröffentlichung im Internet oder in Intranets. Eine über den genannten Zweck hinausgehende Nutzung bedarf in jedem Fall der vorherigen schriftlichen Zustimmung des Verlags.

Sind Internetadressen in diesem Werk angegeben, wurden diese vom Verlag sorgfältig geprüft. Da wir auf die externen Seiten weder inhaltliche noch gestalterische Einflussmöglichkeiten haben, können wir nicht garantieren, dass die Inhalte zu einem späteren Zeitpunkt noch dieselben sind wie zum Zeitpunkt der Drucklegung. Der Auer Verlag übernimmt deshalb keine Gewähr für die Aktualität und den Inhalt dieser Internetseiten oder solcher, die mit ihnen verlinkt sind, und schließt jegliche Haftung aus.

Covergestaltung: annette forsch konzeption und design, Berlin
Illustrationen: Stefan Lohr
Satz: Fotosatz H. Buck, Kumhausen
Druck und Bindung: Korrekt Nyomdaipari Kft, Budapest
ISBN 978-3-403-08299-6

www.auer-verlag.de

Inhaltsverzeichnis

Einleitung 4

Ideensammlung 8

1. Reading and writing 8
   1.1 Ein Lesetagebuch mit Twitter® führen 8
   1.2 Mit webbasierten Texteditoren kollaborativ schreiben 10
   1.3 Fact Checking: Textverständnis mit Kahoot! überprüfen 12
   1.4 Weblogs zur Dokumentation einer Klassenfahrt nutzen 14
   1.5 Mit Online-Bildersammlungen einen Comic gestalten 16
   1.6 Book reviews als authentische Meinungsäußerung im Unterricht nutzen 18
   1.7 Poesie mit modernen Medien gestalten 20

2. Listening 22
   2.1 Podcasts finden, anhören und auswerten 22
   2.2 Ein Hörspiel schreiben und aufnehmen 24
   2.3 Eine englischsprachige Schulradiosendung aufnehmen und senden 26
   2.4 Hörverstehen mit Plickers überprüfen 28
   2.5 Sprechende Avatare mit Voki kreieren 30
   2.6 Grenzen der Spracherkennung finden und dokumentieren 32

3. Viewing 34
   3.1 Vlogs – YouTuber® im Englischunterricht thematisieren 34
   3.2 Videos in Stop Motion aufnehmen 36
   3.3 Videos aufnehmen und mit Flipgrid kommentieren 38
   3.4 Das Klassenzimmer zum Sendestudio umfunktionieren 40
   3.5 Literal Music Videos – Videos neu vertonen 43
   3.6 Werbevideos kritisch vergleichen 45
   3.7 Erklärvideos mit Adobe® Spark Video gestalten 47

4. Speaking 50
   4.1 Virtuelle Expeditionen mit Google® Expeditions durchführen 50
   4.2 Eine Schulhausführung mit Audioguides erstellen 52
   4.3 Bildgestütztes Erklären einüben 54
   4.4 Mit Online-Stadtplänen Orientierung und Wegbeschreibungen trainieren 56
   4.5 Aussprachetraining mithilfe eines Teleprompters durchführen 58
   4.6 London mit Google® Earth erkunden 60

5. Vocabulary 62
   5.1 Vokabelarchive mit Quizlet® aufbauen 62
   5.2 Lückentexte mit LearningApps erstellen 64
   5.3 Eine Fotosafari auf dem Schulgelände durchführen 66
   5.4 Interaktive Übungen mit H5P erstellen 68
   5.5 Mit Word Clouds Vokabeln vorentlasten 71
   5.6 Präsentationen über London mit Adobe® Spark Page erstellen 73
   5.7 Mindmapping-Strategien bei der Vokabelarbeit einsetzen 75

Glossar 77

Einleitung

Digitale Medien im Englischunterricht

Digitale Medien können helfen, Schul- und Unterrichtsentwicklung voranzutreiben. Die Rahmenbedingungen stimmen, wenn die nötige Ausstattung in ausreichender Anzahl vorhanden ist und der Internetzugang sowie die regelmäßige Wartung und die Erneuerung von Netzwerk und Geräten geregelt sind. Aber auch dort, wo die Rahmenbedingungen nicht ideal sind, kann jeder Lehrer[1] punktuell digitale Medien in seinen Unterricht integrieren.

Die vorliegenden Unterrichtsideen sind so konzipiert, dass ein normaler Computerraum, wie er in der Regel in jeder weiterführenden Schule vorhanden ist, zur Umsetzung der Ideen genügt.

Notwendige Voraussetzung für die Arbeit mit digitalen Medien in der Schule ist – wohl noch mehr als die Infrastruktur – die Bereitschaft des Lehrers, Neues auszuprobieren, den Schülern Vertrauen zu schenken und den eigenen Unterricht zu öffnen.
Die Unterrichtsideen in diesem Band sind mehrheitlich darauf ausgerichtet, Aktivitäten der Schüler im Sinne einer Produkt- und Handlungsorientierung anzuregen. Das World Wide Web bietet einen Zugang zu einer – in der Schule sonst unbekannten – Vielfalt von Möglichkeiten für den Englischunterricht.

1. **Internetanbindung:** Die Internetverbindungsgeschwindigkeit der einzelnen Schule ist ausschlaggebend für die Nutzung von Online-Medien; mit einer einzelnen, langsamen DSL-Leitung ist es nicht möglich, dass mehrere Schüler verschiedene Videos betrachten. Ein gleichzeitiges Arbeiten in verschiedenen Klassenzimmern wird ebenfalls eher zäh werden. Charakteristisch für eine langsame Internetverbindung sind lange Ladezeiten von Webseiten, langsame Login-Vorgänge bei Online-Diensten und Ruckler bei Videos. Um die Internetverbindung zu testen, stehen verschiedene Dienste zur Verfügung, etwa *http://www.breitbandmessung.de*, ein Dienst der Bundesnetzagentur. Zur Interpretation der Ergebnisse der Tests: 2 MBit/s sind für einen Lehrer, der ein Video zeigen möchte, ausreichend, bei Werten um die 10–15 MBit/s können vier bis sechs Endgeräte ruckelfreie Videos (in nicht allzu hoher Auflösung) anzeigen, ab 50 MBit/s reicht es für eine Klasse, und bei 500 MBit/s kann in einer Schule das drahtlose Netzwerk auch für die Endgeräte der Schüler geöffnet werden.

2. **Präsentationsmöglichkeiten:** Ein modernes Klassenzimmer kommt ohne digitale Präsentationsgeräte nicht aus – sinnvoll ist aus der Sicht des Sprachunterrichts eine Grundausstattung mit Datenprojektor, Lehrer-PC und Audioanlage. Auch eine Dokumentenkamera kann vielfältig eingesetzt werden. Eine drahtlose Verbindung zum Datenprojektor ist ebenfalls begrüßenswert, um beispielsweise Schülerlösungen schnell zeigen zu können.

3. **Geräteverteilung:** Fast jeder Schüler verfügt laut aktuellen Statistiken über ein internetfähiges Smartphone. Diese Geräte für den Unterricht nutzbar zu machen – das ist der Kerngedanke des „Bring Your Own Device" (BYOD). BYOD bedeutet, dass die Schüler die Technologie nutzen lernen, über die sie ohnehin verfügen. Der Vorteil liegt auf der Hand: Jeder Schüler kann im Internet Online-Inhalte nutzen. Ebenso sind die Nachteile klar: Schüler mit schlechteren Geräten können ins Hintertreffen geraten.
Demgegenüber stehen Ansätze, in denen die Schüler schuleigene Geräte nutzen oder gemeinsam Geräte anschaffen. In Eins-zu-eins-Nutzungsszenarien arbeiten Schüler jeden Tag mit demselben Gerät, das dann auch mit nach Hause genommen werden kann. Am häufigsten in den Schulen anzutreffen ist hingegen das klassische Computerraum-Modell: Viele Klassen teilen sich einen Computerraum mit hinreichend vielen Geräten, sodass auch große Schülergruppen wenigstens in Gruppenarbeit digital arbeiten können.

---

1 Aufgrund der besseren Lesbarkeit ist in diesem Buch mit Lehrer immer auch die Lehrerin gemeint, ebenso verhält es sich bei Schüler und Schülerin etc.

Einleitung

Ist die Hürde der technischen Ausstattung erst einmal genommen, muss noch die Frage nach dem „Wozu?" schlüssig beantwortet werden. Und ja, digitale Medien sind aus dem modernen Fremdsprachenunterricht nicht wegzudenken:

1. **Auswahl der Lernwege und Lernziele durch die Schüler:** Die Schüler lernen mit digitalen Medien im eigenen Tempo und nach eigenen Interessen; durch eine geeignete Vorauswahl von möglichem Input erfolgt eine Steuerung durch den Lehrer, aber danach können Schüler selbst entscheiden, was sie weiter interessiert. Das lebenslange Lernen wird so angebahnt und die sehr unterschiedlichen Vorlieben der Schüler können deutlich besser berücksichtigt werden – insbesondere im Englischunterricht, da circa die Hälfte der Internetseiten auf Englisch geschrieben ist.

2. **Erweiterung der Menge der möglichen Lernprodukte:** Neben die klassischen Produkte schulischen Arbeitens – Hefteinträge, gestaltete Plakate, Vorträge, Umfragen usw. – treten durch die Digitalisierung auch digitale Endprodukte. Häufig sind sie eher eine logische Fortsetzung der bisherigen analogen Arbeit mit digitalen Mitteln; aus Plakaten werden Präsentationen, Vorträge werden online gestellt und Umfragen digital ausgewertet. Teilweise sind aber auch ganz neue Produkte und Interaktionswege möglich, von denen im vorliegenden Buch einige beschrieben werden.

3. **Gegenwartsbezug des Unterrichts:** Um für die Schüler relevant und aktuell zu sein, um in die Zeit zu passen und die Wirklichkeit abzubilden, muss moderner Englischunterricht digitale Möglichkeiten nutzen: Die Gesellschaft in den englischsprachigen Ländern teilt sich vermehrt in digitalen Medien mit und definiert sich in digitalen Räumen. Eine moderne Landeskunde ohne Einbezug der digitalen Welt ist deswegen lückenhaft und nicht zeitgemäß.

Aufbau des Bandes

Der vorliegende Band bietet 33 Unterrichtsideen für den Englischunterricht mit digitalen Medien, die alle praktisch erprobt sind. Die Ideen werden jeweils auf einer Doppelseite übersichtlich dargestellt. Zunächst werden sie allgemein beschrieben (**Beschreibung**) und anschließend an einem konkreten Beispiel ausgeführt (**Ablauf und Methode an einem konkreten Beispiel**). Die Beispiele machen die Methode exemplarisch nachvollziehbar, können jedoch jederzeit mit wenig Aufwand an die Erfordernisse der jeweiligen Klasse und Klassenstufe angepasst werden.

Grundsätzlich lassen sich die Beispiele in jeder Klasse der Sekundarstufe einsetzen, wobei einzelne Ideen die Sprachfähigkeiten der unteren Jahrgangsstufen überfordern würden. Entsprechend ist auf jeder Doppelseite eine Jahrgangsstufenempfehlung in der Kopfzeile angebracht.

Die technischen Voraussetzungen (**Benötigte Materialien und technische Voraussetzungen**) sind bewusst einfach gehalten; in den meisten Fällen kommt man mit einem Präsentationsrechner und ein paar digitalen Geräten für die Schüler aus. Generell gilt im Englischunterricht, dass eine Eins-zu-eins-Zuordnung von Geräten zu Schülern nicht immer die beste Lösung ist, da so die Kommunikation zwischen den Schülern komplett wegfällt – und genau um die geht es doch eigentlich im Sprachunterricht.

 Die Zeitangaben sind in der Regel für den Kernteil der skizzierten Unterrichtseinheiten angesetzt; je nach situativer Einbettung wird sich im tatsächlichen Unterricht eine Verlängerung des Zeitbedarfs ergeben. Für den Lehrer wie für die Schüler gilt generell, dass das Arbeiten mit digitalen Medien einiger Übung bedarf und bei der ersten Begegnung mit neuen Medien mehr Zeit benötigt wird.

Einleitung

 Die Unterrichtsideen sind einzelnen oder mehreren **Unterrichtsphasen** zugeordnet – letztlich können die Ideen oder Teile davon aber in jeder Phase des Unterrichts gewinnbringend eingesetzt werden. Folgende Phasen werden unterschieden:
- Einstieg
- Erarbeitung
- Ergebnissicherung
- Anwendung
- Wiederholung
- Präsentation
- Lektüre
- Kreatives Schreiben
- Projektarbeit
- Übung
- Sprachbetrachtung

 Die ausgewiesenen **Kompetenzbereiche** sind so formuliert, dass sie den unterschiedlichen Fachlehrplänen möglichst einfach zuzuordnen sind. Analog zu den aktuellen kompetenzorientierten Lehrplänen wurden Ziel-Zustandsbeschreibungen gewählt.

Unter dem Punkt **Mögliche Fallstricke und Tipps** wird auf potenzielle – häufig technische – Probleme eingegangen, und wie sie sich leicht vermeiden lassen. Zusätzlich sind hier Varianten und Erweiterungen der Unterrichtsideen beschrieben.

Unter dem Punkt **Erweiterungen und Abwandlungen** sind Wege beschrieben, die die ursprünglichen Unterrichtsideen aufwendiger, umfangreicher oder für die Schüler anspruchsvoller machen.

Was aber, wenn die benötigte Technik nicht vorhanden ist, die Idee aber dennoch umgesetzt werden soll? Dort, wo es möglich ist, ist eine **Analoge Alternative** beschrieben – so lassen sich zum Beispiel Präsentationen häufig durch Papierposter ersetzen, Videos und Audioaufnahmen durch ein Vorführen und digitale Pinnwände durch herkömmliche Korkbretter mit Reißzwecken.

Abschließend bietet jede Unterrichtsidee als Anregung für die eigene Unterrichtsgestaltung Hinweise auf Materialien, auf bestehende Umsetzungsbeispiele, die sich frei zugänglich im World Wide Web finden, auf Unterrichtsvorschläge sowie auf weiterführende englischdidaktische Literatur oder hilfreiche Tutorials und Anleitungen (**Materialhinweise, Beispiele und Infoseiten**). Hier werden jeweils die Links angegeben, über die ⇨ QR-Codes® können die jeweiligen Seiten direkt aufgerufen werden. Für die Nutzung der QR-Codes® wird ein Smartphone oder Tablet mit installierter Barcode-Scan-App (kostenlos erhältlich über Google Play® bzw. den App Store®) benötigt.
Die im Band enthaltenen QR-Codes® wurden mit der Scan-App i-nigma getestet.

Ausblick

Moderner Fremdsprachenunterricht wird niemals fern von der zeitgenössischen Kultur stattfinden können – auch deswegen sind Fremdsprachenlehrer in vieler Hinsicht Vorreiter bei der Digitalisierung des Unterrichts. Gerade im Fach Englisch ist die Lehrercommunity international vernetzt und genau dieser internationale Austausch wird immer mehr dazu führen, dass technologische Innovationen sich besonders schnell im Fremdsprachenunterricht wiederfinden lassen.

So ist es bislang immer gewesen: Wann immer es etwas Neues gegeben hat, haben sich Sprachenlehrer bemüht, die Technologie im Unterricht nutzbar zu machen. Tonbandgeräte? Klar, wir spielen echte Native speakers vor. Kopierer? Gut, dann kopieren wir aktuelle Originaltexte für die Schüler. Videogeräte? Her damit, wir zeigen authentische Kommunikation. CD-Player? Wunderbar, nie wieder vor- und

Einleitung

zurückspulen. DVDs? Sehr schön, wir zeigen Filmausschnitte auf Englisch. Videokommunikation? Webcams? Online-Foren? Online-Videotheken? Lernapps? …
Ja, da ist ein Muster erkennbar: Fremdsprachenlehrer sind mutig, optimistisch und nutzen authentische Medien, um den Unterricht und das Klassenzimmer zu öffnen.

Neue, bereits jetzt erkennbare Trends zum mobilen Lernen, zu Augmented Reality und zum interaktiven Schulbuch wurden in diesem Band bereits berücksichtigt, dennoch ist zu erwarten, dass hier die Entwicklung weitergehen wird. Naturgemäß ist dieser Band – allem Bemühen um Aktualität und Modernität zum Trotz – bereits bei der Drucklegung zum Veralten verdammt; der technische Fortschritt wird immer wieder neue Möglichkeiten für den Fachunterricht bringen.

Das Wesen von Schule hingegen wird gleich bleiben: Schüler, die eine Fremdsprache beherrschen sollen, Lehrer, die Wissen und Bildung vermitteln sollen, und die dazu Medien – als Produkt, als Mittel und als Zweck – nutzen.

1.1 Ein Lesetagebuch mit Twitter® führen

Klasse 8–10

 unterrichtsbegleitend zur Lektüre, mehrwöchige Projektarbeit

 Ergebnissicherung

 wesentliche Inhalte einer Ganzschrift erfassen und in eigenen Worten wiedergeben

Beschreibung

Lange Zeit war die Begrenzung auf 140 Zeichen wichtiges Markenzeichen des Kurznachrichtendienstes ⇨ Twitter® (*https://twitter.com/?lang=de*) und weiterhin werden Tweets® von den Nutzern kurz und prägnant gehalten. Genau deshalb bietet es sich an, im Kontext der Literaturanalyse mit einem Twitter®-Tagebuch zu arbeiten. Als Einstieg sollten die Schüler mit dem grundlegenden Vokabular des Nachrichtendienstes vertraut gemacht werden: Jede Kurznachricht wird dort als Tweet® bezeichnet. In der Timeline, der Hauptansicht von Twitter®, sieht der Nutzer die Tweets® der Nutzer, denen er folgt. Mit ⇨ Hashtags (#) werden Schlagworte gekennzeichnet. In den Unterrichtsstunden wird Twitter® als digitales Leseportfolio genutzt. Die Schüler beschäftigen sich im Anschluss an die Lektüre einzelner Kapitel mit einzelnen Charakteren und fassen deren Perspektive in eigene Worte. Sie schreiben in der Ich-Perspektive über Gefühle, Handlung und mögliche Fortsetzungen. Durch die Zeichenbeschränkung sind die Schüler gezwungen, sich auf das Wesentliche zu konzentrieren und ihre Aussagen auf den Punkt zu bringen.

Benötigte Materialien und technische Voraussetzungen

- Smartphone oder Tablet mit Internetzugang pro Schüler
- Schülerzugänge für die Anmeldung bei Twitter®. Zur Einrichtung der Accounts sowie zur Anmeldung werden E-Mail-Adressen benötigt.
- Computer und Beamer oder ein ⇨ interaktives Whiteboard für die Präsentation

Ablauf und Methode an einem konkreten Beispiel

- **Setting:** Ergebnissicherung nach der Lektürephase am Beispiel Mark Twains „The Adventures of Tom Sawyer"
- **Vorbereitung:** Die Schüler registrieren sich bei Twitter®. Alternativ kann auch der Lehrer anonymisierte Konten für die Klasse vorbereiten.
- In der ersten Stunde der Unterrichtssequenz wird der Kurznachrichtendienst Twitter® vorgestellt. Wichtig ist hierbei, die Schüler darauf hinzuweisen, dass sie sich möglichst kurzhalten sollten.
- Im Anschluss erklärt der Lehrer kurz das Vorgehen bei der Erstellung des Leseportfolios: Pro Kapitel wird jeweils einer Gruppe von Schülern eine Haupt- oder Nebenfigur zugeteilt, sodass ein möglichst breites Spektrum an Tweets® entsteht. Die Schüler schreiben dann zu ihren Figuren, z. B. Huckleberry Finn oder Tom Sawyer, aus der Ich-Perspektive. Die Rollenverteilung wechselt nach jedem Kapitel, sodass die Schüler sich sowohl mit den Haupt- als auch den Nebenprotagonisten befassen.
- Der Arbeitsauftrag / die Hausaufgabe im Anschluss an die Lektüre eines Kapitels kann folgendermaßen aussehen, wobei der Hashtag selbstverständlich angepasst werden muss:

We will use Twitter® while we're reading Mark Twain's "The Adventures of Tom Sawyer".
My character: _____

Your homework will be:
- *Write one tweet® from the perspective of your character, answering one of these questions:*
  - *How does my character feel after the chapter?*

- *What does my character want to do next?*
  - *What happened to my character?*

Don't forget to use our hashtag: #reading12527

- Neben Haupt- und Nebenfiguren können den Schülern auch Realien, Bilder o. Ä., die für die Handlung wichtig sind, zugeteilt und in derselben Weise bearbeitet werden.
- In der Folgestunde werden die interessantesten Tweets® vorgestellt und besprochen. Zur Präsentation der Tweets® eignet sich eine sogenannte Twitterwall® (oder auch: Social Media Wall), auf der alle Tweets® zum Hashtag gesammelt und dargestellt werden. Zur Darstellung der Tweets® kann die Webseite Tweetbeam® (*www.tweetbeam.com*) oder Tweetwally® (*www.tweetwally.com*) verwendet werden. Dazu muss meist nur der jeweilige Hashtag eingegeben werden und alle Inhalte dazu werden dargestellt.
- Damit eine vertiefende Auseinandersetzung mit den Haupt- und Nebenfiguren zustande kommt, schreiben die Schüler fünf Antwort-Tweets® zu Aussagen, die sie interessant finden bzw. denen sie (nicht) zustimmen.

Mögliche Fallstricke und Tipps

- Werden die Tweets® nicht als Hausaufgabe, sondern im Unterricht erstellt, ist es sinnvoll, dass die Schüler in Kleingruppen (4–6 Schüler) eine gemeinsame Kurznachricht verfassen.
- Für erste, einfache Formulierungen können die Schüler natürlich Ideen aus der Lektüre übernehmen, z. B. „When I let him whitewash the fence, Ben was happy."
- Es ist wichtig, dass die Ergebnissicherung der Hausaufgaben in Form von Tweets® nicht allein stehen bleibt, sondern unbedingt in eine anschließende Präsentation und Diskussion mündet.

Analoge Alternative

Soll ohne Twitter®-Account gearbeitet werden, können die Schülerergebnisse auch einfach auf ein Blatt Papier geschrieben und ggf. ausgestaltet werden. Die Ergebnisse werden präsentiert und nach Charakteren sortiert im Klassenzimmer verteilt, sodass die Schüler mittels Haftnotizzetteln Kommentare bzw. „Antwort-Tweets®" zu den einzelnen Ergebnissen verfassen und anbringen können.

Materialhinweise, Beispiele und Infoseiten

- Lektüre Mark Twains „The Adventures of Tom Sawyer": *https://www.klett-sprachen.de/tom-sawyer/t-1/9783125452138* [1]
- Vorlage Twitter®-Seite zum Offline-Gebrauch zur kreativen Weiterarbeit: *https://docs.google.com/drawings/d/1qreaQSSDhd3wB2nWisivOYF8-fHKUcGdzIxzFuuwMI4/edit* [2]
- Beispiel für einen Tweetbeam®: *https://www.tweetbeam.com/show?query=%23voldemort* [3]
- Unter dem Hashtag #Twitter®lehrerzimmer sind zahlreiche unterschiedliche Ideen für Unterrichtsvorhaben und Projekte zu finden.

[1] [2] [3]

1.2 Mit webbasierten Texteditoren kollaborativ schreiben

Klasse 5–9

 45 Minuten

 Erarbeitung

 bekannte sprachliche Mittel in neuem Kontext anwenden, gemeinsame Klassenregeln für den Englischunterricht festlegen

Beschreibung

Wenn alle durcheinanderrufen, entsteht nur Lärm – diese Erfahrung machen Kinder schon früh im Kindergarten. Ganz ähnlich kann es werden, wenn alle durcheinanderschreiben. Dann wird es wichtig, gemeinsame Regeln für das Zusammenarbeiten zu entwickeln. In der vorgestellten Unterrichtsstunde sollen ebensolche Klassenregeln für den Englischunterricht entwickelt werden – demokratisch, kollaborativ und digital. Die Verbindlichkeit von Klassenregeln und die Bereitschaft von Schülern, sie auch zu akzeptieren und ihre Einhaltung einzufordern, steigt, wenn die Schüler an den Klassenregeln selbst mitarbeiten können. Im Fach Englisch hat der Fachlehrer in besonderer Weise die Möglichkeit, solche Regeln zu gestalten und umzusetzen, da das Fach selbst ein spezifisches Verhalten der Schüler erforderlich macht. Schnell sehen die Schüler ein, dass sie sich gegenseitig genauer zuhören müssen, dass im Fremdsprachenunterricht eine höhere Fehlertoleranz gefragt ist, und dass das Bestehen auf Einsprachigkeit ein sinnvolles Unterrichtsprinzip ist, wenn die Schüler sich frei am Unterrichtsgeschehen beteiligen sollen.

Klassenregeln sollten möglichst positiv formuliert werden – darauf könnte schon zu Beginn hingewiesen werden; alternativ kann dieser Gedanke aber auch erst in einem Überarbeitungsprozess zum Tragen kommen und so Umformulierungen durch die Schüler nötig machen.

Das verwendete Werkzeug selbst ist ein ⇨ Etherpad – eine Art digitaler Notizblock, auf dem alle Schüler gleichzeitig schreiben können. Solche Etherpads gibt es online von vielen Anbietern. Der Dienst ZUMpad (*http://zumpad.zum.de*) ist zuverlässig und wird vom ZUM e. V. unentgeltlich bereitgestellt.

Benötigte Materialien und technische Voraussetzungen

- Computer oder Tablet mit Internetzugang (idealerweise) pro Schüler
- Zuvor eingerichtetes Etherpad (kostenlose und werbefreie Angebote z. B. unter *https://zumpad.zum.de* oder alternativ *https://medienpad.de*)
- Computer und Beamer oder ein ⇨ interaktives Whiteboard für die Präsentation

Ablauf und Methode an einem konkreten Beispiel

- Setting: gemeinsames Aushandeln und Festlegen der Klassenregeln (idealerweise zu Beginn des Schuljahres)
- Vorbereitung: Der Lehrer erstellt auf ZUMpad (*http://zumpad.zum.de*) ein Pad mit einem griffigen Namen und formuliert in diesem Pad den Arbeitsauftrag:

Let's write down our class rules.

Zur Erstellung ist keine Anmeldung o. Ä. nötig, es muss nur der Name des Pads eingetragen werden. Im Anschluss daran kann der Lehrer den Link des Pads an alle Schüler verschicken.

- Als Einstieg wird den Schülern das Ziel der Unterrichtseinheit vorgestellt:

We want to write down a set of new rules for our English lessons.

- Die Software wird direkt im Anschluss kurz erklärt. Die Schüler dürfen sich auf ihren digitalen Endgeräten einloggen und erhalten vom Lehrer den Link zum Pad. Auf der Benutzeroberfläche geben die Schüler im Menü oben rechts ihren Vornamen ein. So wird klar, wer was schreibt.
- Die Schüler dürfen nun selbstständig arbeiten, Regeln vorschlagen und überarbeiten. Nach einer vorher bestimmten Arbeitszeit, die den Schülern klar kommuniziert und signalisiert wird, wird das Ergebnis gemeinsam begutachtet und eventuell nochmals überarbeitet. Dafür bietet es sich an, das Pad per Beamer oder Whiteboard zu präsentieren.
- Der einfachste Weg, die „Class rules" zu sichern, ist per Copy and Paste in ein beliebiges Textverarbeitungsprogramm. Hierin können die Ergebnisse gestaltet, ausgedruckt und im Klassenzimmer ausgehängt werden.

Mögliche Fallstricke und Tipps

- Arbeiten die Schüler zum ersten Mal mit einem ⇨ Etherpad, sollte mehr Zeit eingeplant werden, da die Schüler in der Regel zunächst die Funktionen ausprobieren. Einzelne Schüler werden bei erstmaligem Gebrauch auch dazu tendieren, mehr oder weniger lustige Kommentare in das Etherpad zu schreiben. Ist der erste Spaß vorbei, lässt dies schnell nach.
- Schüler, die Beiträge eines Mitschülers löschen, sollten von der Arbeit am Pad ausgeschlossen werden und analog auf Papier weiterarbeiten. Die gelöschten Beiträge können einfach mit der Zeitleistenfunktion wiederhergestellt werden.
- Der Lehrer sollte den Schülern zu Beginn erklären, dass die Reihenfolge der Regeln zunächst keine Bedeutung hat. Die Priorisierung kann am Ende der Stunde gemeinsam erfolgen.
- Das kreative Schreiben in Etherpads kann auch unterrichtsbegleitend erfolgen, sodass Schüler in den höheren Klassen Fragen zum Unterricht, die ihnen einfallen, schriftlich notieren.
- Etherpads können auch auf Computern im internen Schulnetz betrieben werden, sodass keine externe Webseite nötig ist. Auf der Etherpad-Webseite (*http://etherpad.org*) gibt es die dazu nötigen Softwarepakete für PCs und Macs zum kostenfreien Download.

Analoge Alternative

Mit einem für alle offenen Flipchart-Block kann man ähnliche Formate im Unterricht einführen; insbesondere die Demokratisierung des Unterrichts kann hierbei auf sehr interessante Weise erprobt werden.

Beispiel und Infoseite

- ZUMpad Tutorial der Zentrale für Unterrichtsmedien e. V.: *https://lehrerfortbildung-bw.de/st_digital/medienwerkstatt/fortbildungen/lern2/2_werk/1_cotext/* [1]

[1]

1.3 Fact Checking: Textverständnis mit Kahoot! überprüfen

Klasse 6–12

 45 Minuten

 Ergebnissicherung

 Sachtexte verstehen und wesentliche Informationen entnehmen

Beschreibung

Eine motivierende Variante, Textverständnis zu überprüfen, gelingt mit Kahoot!. Mit der kostenfreien Kahoot!-App lassen sich einfache Quiz, Diskussionen oder Umfragen erstellen, die die Schüler mit ihren Smartphones spielen bzw. beantworten können. Im Unterrichtsbeispiel wird das Textverständnis eines Sachtexts mithilfe eines Quiz überprüft und im Anschluss der Lernfortschritt durch einige kurze Fragen reflektiert. Eine gute Quelle für englische Sachtexte bietet die amerikanische Fact-Checking-Webseite (*www.snopes.com*), die sich mit Falschnachrichten beschäftigt und bemüht ist, diese zu entlarven.

Benötigte Materialien und technische Voraussetzungen

- Smartphone oder Tablet pro Schüler
- Computer und Beamer oder ein ⇨ interaktives Whiteboard für das Quiz

Ablauf und Methode an einem konkreten Beispiel

- Setting: Textverständnisübung zur Sicherung der Inhalte eines Sachtexts zum Thema „Global warming" (siehe „Materialhinweise")
- Vorbereitung:
  - Der Lehrer eröffnet auf der englischsprachigen Homepage von Kahoot! (*www.kahoot.com*) einen Account (durch Klicken auf die Schaltfläche „Sign in" und die anschließende Auswahl des Accounttyps „Teacher"). Die Schüler selbst müssen keinen Account anlegen.
  - Im „Game creator" können nun unterschiedliche Übungstypen ausgewählt werden, z. B. Jumble Questions, Discussions oder Surveys. Zur Überprüfung des Textverständnisses eignet sich das Quiz-Format Multiple-Choice besonders gut. Bei Multiple-Choice-Aufgaben wird zunächst ein passender Titel gewählt. Mit Klicken auf „Add a question" können Fragen, Antwortoptionen, ein oder mehrere richtige Antworten sowie ein Zeitlimit zur Beantwortung der Fragen eingegeben werden. Optional können auch passende Bilder, Texte, Video- und Audiodateien zur Aufgabe eingebaut werden. Nachdem das Quiz gespeichert wurde, muss der Lehrer einen sogenannten „Game PIN" generieren, mit dem die Schüler später Zugang zum Quiz haben.
- Zum Einstieg ins Thema „Global warming" äußern die Schüler zunächst ihre Assoziationen zum Thema. Die Ideen können an der Tafel gesammelt werden, wobei Schlüsselvokabeln zusätzlich eingeführt und gesichert werden.
- Der Lehrer zeigt die Überschrift „Did a 1912-Newspaper Article Predict Global Warming?" und lässt die Schüler zu Wort kommen. Bereits hier wird das Thema „Fact checking" aufgegriffen: Wie kann man herausfinden, ob eine Aussage zutreffend ist? Die Schüler lesen anschließend den Text – entweder auf der Webseite oder offline ausgedruckt.
- Abschließend wird das Textverständnis mithilfe des vorbereiteten Kahoot!-Quiz gesichert. Der Lehrer präsentiert das Quiz dazu per Beamer oder interaktivem Whiteboard, startet das Spiel und wählt den „Player vs. Player-mode" aus. Die Schüler besuchen auf ihren Smartphones die Kahoot!-Seite zum Spielen des Quiz (*www.kahoot.it*). Dann geben sie den Game-PIN ein, wählen einen Nicknamen und werden so zum Quiz hinzugefügt. Sobald alle Schüler sich eingeloggt haben,

kann das Quiz beginnen. Die Schüler sehen auf ihren Displays zunächst die Frage und dann die vier farbigen Antwortmöglichkeiten. Durch Anklicken wählen sie ihre Antwort aus. Wer bis zum Ablauf der Zeit nicht antwortet, bekommt keine Punkte. Die Punkte werden nach Richtigkeit und nach Schnelligkeit vergeben.

Mögliche Fallstricke und Tipps

- Wenn die Schüler nicht alle über Smartphones verfügen, können sich mehrere Schüler ein Endgerät teilen.
- Ähnliche Funktionen wie Kahoot! bieten auch die vereinzelt angebotenen Abstimmungsgeräte an, die als Zubehör etwa zu interaktiven Whiteboards erhältlich sind.
- Ein großer Vorteil von Kahoot! ist, dass die Schüler ihren eigenen Leistungsstand unmittelbar in den Kontext der Klasse einordnen können. Und auch der Lehrer erhält einen sofortigen Eindruck vom Leistungsstand der Klasse, da nach jeder Frage angezeigt wird, welche Antworten wie oft gewählt wurden. Insbesondere Fehler im Grundverständnis werden hier sofort sichtbar, wenn viele Schüler sich für die gleiche falsche Antwort entschieden haben.

Analoge Alternative

Die Idee lässt sich natürlich auch analog umsetzen: Der Lehrer erstellt ein Quiz aus Papier oder auf Folie und deckt die Fragen und Antwortmöglichkeiten nach und nach auf. Die Schüler erteilen ihre Antworten mit vorgefertigten Kärtchen (mit den Antwortmöglichkeiten a, b, c, d).

Materialhinweise, Infoseite und Beispiele

- Sachtext zum Thema „Global warming":
  https://www.snopes.com/fact-check/1912-article-global-warming/
- Tutorial zum Erstellen von Aufgaben und Spielen mit Kahoot!:
  https://www.youtube.com/watch?v=Qkf8vy1P0g8
- Kahoot!-Quiz mit Multiple-Choice-Aufgaben zum Unterrichtsbeispiel:
  https://play.kahoot.it/#/k/3bf01117-31fa-401d-ac5d-3131bb6135e7
- Beispiel für ein Quiz aus Jumble Questions für den Anfangsunterricht:
  https://play.kahoot.it/#/k/367678d4-9a41-45d3-b099-1d936bb42efb

1.4 Weblogs zur Dokumentation einer Klassenfahrt nutzen

 2 Unterrichtsstunden, Arbeitszeit während der Klassenfahrt

 Präsentation

 Meinungen, Gefühle und Gedanken klar strukturiert ausdrücken und Texte kreativ gestalten

Beschreibung

Schüler erleben Klassenfahrten meistens als eindrucksvolle Episoden in ihrer Schulzeit, die dokumentiert werden sollten. Ein ⇨ Weblog (auch: Blog) als Reisetagebuch ist dazu ein gutes Mittel. Für den Unterricht sind v.a. Blogprovider wie WordPress interessant, da sie mit wenig technischem Vorwissen und geringem Aufwand große Außenwirkung erzielen können. Der Mehrwert für den Fremdsprachenunterricht ist vielseitig: die Schüler produzieren selbstverfasste Artikel, Bilder etc., präsentieren diese und publizieren sie ggf. auch noch einer breiteren Öffentlichkeit.

Benötigte Materialien und technische Voraussetzungen

- Computer oder Laptops sowie Tablets oder Smartphones mit Internetzugang pro Kleingruppe
- Schüler-Accounts auf WordPress: Zur Einrichtung der Accounts sowie zur Anmeldung werden E-Mail-Adressen benötigt.

Ablauf und Methode an einem konkreten Beispiel

- Setting: Dokumentation und Nachbereitung einer Klassenfahrt ins Ausland
- Vorbereitung:
  - Der Lehrer registriert sich vor der ersten Einheit der Unterrichtssequenz auf der WordPress-Webseite (*www.wordpress.com*) und erstellt dort einen eigenen Weblog. Dabei ist darauf zu achten, dass Webadressen mit dem Zusatz „wordpress.com" gratis zur Verfügung gestellt werden. Im Menübereich Einstellungen kann man den Blog auf privat stellen, sodass nur eingeladene Nutzer den Blog lesen können. Die Option „privat" ist voreingestellt.
  - Im Menü zur Webseite finden sich viele Optionen zur Bearbeitung, Verwaltung oder Personalisierung des Blogs. Interessant ist hier der Menüpunkt „Personen", mit dem Schüler als Redakteure oder Autoren eingeladen werden können und so selbst Inhalte im Weblog erstellen können. Die Schüler müssen sich dazu allerdings registrieren und einen Nutzer-Account anlegen.
  - Für den Unterrichtseinstieg erstellt der Lehrer einen Beispiel-Beitrag, etwa zum Thema „What you should not forget!". Wenn der Weblog nicht auf „privat" gestellt wird, sollten noch ein geeignetes Impressum sowie eine Datenschutzerklärung zusammengestellt werden. Hierzu kann die standardmäßige WordPress-Seite „Über" angepasst werden. Alternativ findet man auf dieser Seite Informationen zur Datenschutzerklärung auf privaten Websites und Beispiele zum Download: *https://www.datenschutz.org/wordpress-datenschutz/*
- Unterrichtseinheit vor der Studienfahrt:
  - Der Lehrer macht die Schüler mit dem Menü und den Grundfunktionen des Weblogs vertraut. Insbesondere der Menüpunkt „Blogbeiträge" sollte den Schülern gezeigt werden.
  - Die Schüler arbeiten zunächst mit der Kommentarfunktion des Beispiel-Beitrages und beschäftigen sich mit der Frage, was sie für die Fahrt wirklich einpacken müssen. Der Lehrer ermutigt die Schüler hierbei, sämtliche Blogbeiträge und Kommentare auf Englisch abzufassen.
  - Anschließend werden die einzelnen Etappen der Klassenfahrt mit einer Landkarte visualisiert und es wird gemeinsam verbindlich festgelegt, welche Kleingruppe für welchen Artikel an welchem Tag zuständig ist. Idealerweise wird die Liste auch gleich in den Reiseblog gestellt.

- Während der Klassenfahrt:
  - An jedem Tag wird das Reiseblogger-Team morgens besonders begrüßt und an seine Aufgabe erinnert: Welche Ereignisse des Tages sind besonders erwähnenswert?
  - Am Ende jedes Tages werden die erstellten Texte und Fotos in den Blog geladen.

Mögliche Fallstricke und Tipps

- Die erste Antwort-E-Mail von WordPress kann im Spam-Filter verschwinden.
- In höheren Jahrgangsstufen kann das gesamte Backend des Blogs auch auf Englisch umgestellt werden, um weitere Lernmöglichkeiten zu schaffen.
- Schüler, die bereits mit Grundlagen der Textgestaltung vertraut sind, werden sich im Editor für Beiträge leicht zurechtfinden und passende Formatierungen anbringen; bei jüngeren Schülern kann hier etwas Hilfe nötig sein.
- Neben nicht mitreisenden Schülern aus anderen Jahrgängen sind auch die Eltern ein Teil der Zielgruppe des Reiseblogs. Ein erfahrener Lehrer bedenkt dies bei der Auswahl der Fotografien und der Gestaltung der Texte.

Erweiterungen und Abwandlungen

Blogs bieten sich zu vielen Anlässen an, sei es zur Begleitung einer Lektüre in Form eines Lesetagebuchs, als Projektportfolio oder als Ideensammlung. Auch ein Klassenblog, in dem alle Ereignisse eines Jahres aufgezeichnet werden, kann ein lohnendes Unterfangen sein.

Analoge Alternative

Die Erfahrungen und Erlebnisse der Klassenfahrt können im Tagebuchstil auch in der Schülerzeitung oder im Jahresbericht veröffentlicht werden. Die Vorgehensweise ähnelt der Arbeit mit dem Weblog. Die Schüler machen sich in Gruppen Notizen und verfassen und gestalten dann zu Hause kleine Artikel zum Tag oder Programmpunkt.

Beispiele und Infoseite

- Beispielseite mit unterschiedlichen Schulblogs:
  http://westwoodblogs.org
- Beispiel für einen Blog zur Klassenfahrt:
  http://schule-hohe-landwehr.de/sylt-unsere-klassenfahrt/
- Hilfreiche Tipps zur Technik und Organisation beim Bloggen mit Schülern:
  https://rete-mirabile.net/lernen/bloggen-mit-schuelern-technik-organisation/

1.5 Mit Online-Bildersammlungen einen Comic gestalten

 45 Minuten

 Präsentation

 einfache Texte zu Bildimpulsen verfassen

Beschreibung

Comics erfreuen sich anhaltender Beliebtheit – insbesondere bei Jugendlichen. Diese schätzen die prägnante Sprache, die klar gezeichneten Charaktere und die abenteuerlichen Geschichten. Durch ihre einfache Sprache sind Comics insbesondere in den ersten Lernjahren ein geeignetes Medium, den Schülern altersgemäße Inhalte zu präsentieren, ohne sie sprachlich zu überfordern.
Wenn man Comics im Unterricht produktiv nutzen will, gelangt man als Lehrer schnell an den Punkt, an dem alle Schüler begeistert an Details ihrer Comicbilder zeichnen – im Prinzip ja schön, motivierend und auch sicherlich sinnvoll, aber der Gewinn für die Kompetenzen in der englischen Sprache bleibt dann gering. Comiczeichnen sollte also wohl eher als freiwillige Hausaufgabe oder im Rahmen fächerverbindender Unterrichtskonzepte seinen Platz finden. Deswegen werden die Schüler in dieser Unterrichtseinheit selbst zu Autoren, ohne lange selbst zeichnen oder Bilder bearbeiten zu müssen. Die Bilder dafür werden in der Google®-Bildersuche gesucht und anschließend mithilfe des Online-Speech Bubble Generators *(http://phraseit.net)* mit Sprechblasen versehen. Die Aufgabenstellung „Show how you feel in this weather" ist sehr einsteigerfreundlich; komplexere Geschichten können in den folgenden Unterrichtseinheiten angefertigt werden.

Benötigte Materialien und technische Voraussetzungen

- Computer oder Tablet mit Internetzugang pro Schülerpaar
- Computer und Beamer oder ⇨ interaktives Whiteboard für die Präsentation
- Drucker

Ablauf und Methode an einem konkreten Beispiel

- Setting: Comics mit einfachen Texten gestalten
- Vorbereitung: Die Schüler bekommen den Auftrag, ein Bild als Kommentar zum Wetter zu wählen und einen passenden Text dazu zu schreiben. Sie sollten darauf hingewiesen werden, dass durchaus auch Comic-Strips aus mehreren Bildern hergestellt werden können.
- Zunächst wird die Google®-Bildersuche demonstriert; insbesondere die Funktion zum Auffinden von urheberrechtlich unproblematischen Bildern sollten die Schüler kennen und verwenden lernen: Nach erfolgter Suche nach einem Suchbegriff, etwa „dogs", klickt der Lehrer auf „Images", anschließend auf „Tools" und dann auf „Usage rights" und erklärt, dass für diese Aufgabe nur die frei verfügbaren Bilder (Labeled for reuse with modification) mit ⇨ Creative-Commons-Lizenz CC0 verwendet werden sollen. Der Lehrer zeigt auch das Speichern an einem geeigneten Speicherplatz durch Anklicken, Anzeigen der Vorschau und Speichern mittels rechter Maustaste und „Speichern unter". Alternativ kann auch mit der internationalen Bilddatenbank Pixabay (*www.pixabay.com*) gearbeitet werden.
- Das gespeicherte Bild wird dann auf der Phraseit-Webseite eingefügt („Upload photo from own device") und mit einem Text versehen.
- Während der Arbeitsphase unterstützt der Lehrer die Schüler und berät sie bei Formulierungsproblemen.

- Mithilfe des Buttons „Preview & Save" kann der fertige Comic ganz einfach heruntergeladen und gespeichert oder alternativ an die eigene E-Mail-Adresse versendet werden.
- Abschließend werden die geglückten Comics der Klasse gezeigt. Die Schüler dürfen abstimmen, welche drei Comics besonders gelungen sind und im Klassenzimmer aufgehängt werden dürfen.

Mögliche Fallstricke und Tipps

- Je nach gewähltem Thema können die Schüler mehr oder weniger Probleme mit dem Wortschatz haben; Online- oder Offline-Wörterbücher können hier hilfreich sein.
- Schüler- und Lehrerfotos sollten nicht mit Sprechblasen belegt werden. Dennoch können die Schüler mit eigenen Fotos kreativ werden.

Erweiterungen und Abwandlungen

- Mit den auf der Phraseit-Webseite vorgeschlagenen Stock-Photos können lustige Comics gestaltet werden.
- Auch unbelebten Gegenständen können Sprechblasen zugeteilt werden, um humorvolle Effekte zu erzielen.

Analoge Alternative

Sprechblasen können auch auf Ausschnitte aus Magazinen geklebt werden, sodass Collagen in der analogen Welt entstehen. Die Ergebnisse werden ähnlich, jedoch wird die Arbeitsphase länger dauern.

Materialhinweise und Beispiele

- Bilddatenbank für lizenzfreie Fotos und Bilder:
  https://www.pixabay.com
- Übersichtliche Informationen zum Urheberrecht in der Schule:
  https://lehrerfortbildung-bw.de/st_recht/urheber/urh/foto/
- Beispiel eines Comics aus dem Online-Speech Bubble Generator:
  https://phraseit.net/show/pmiozy

1.6 Book reviews als authentische Meinungsäußerung im Unterricht nutzen

 4–6 Unterrichtsstunden

 Lektüre

 Lektüren kritisch würdigen und eigene Kritiken verfassen

Beschreibung

Begleitend zur Lektüre werden Webseiten mit Nutzerrezensionen verwendet, um das Reflektieren über die Texte anzuregen. Die Schüler setzen sich dabei mit den Meinungen der Rezensenten auseinander und gelangen so zu eigenen Ansichten, die sie begründet beschreiben können.

Als Quelle für Rezensionen wird primär die Webseite des Internetversandhandels Amazon (*http://amazon.co.uk*) genutzt, da auf der britischen Version der Webseite von Amazon die Kritiken alle in englischer Sprache vorliegen. Am Ende der Sequenz sollen Schülerrezensionen entstehen, die ebenfalls online gestellt oder den Autoren und Verlegern direkt zugesandt werden können.

Benötigte Materialien und technische Voraussetzungen

- Computer und Beamer oder ein ⇨ interaktives Whiteboard mit Internetzugang
- Computer oder Tablet mit Internetzugang pro Schüler

Ablauf und Methode an einem konkreten Beispiel

- **Setting:** Book reviews zu Klassenlektüren erstellen
- **Vorbereitung:** Unter möglichst großer Beteiligung aller Schüler der Klasse wird eine Lektüre gewählt. Das Mitbestimmungsrecht der Schüler sollte unbedingt beachtet werden, da dies letztendlich dazu führt, dass mehr Schüler bereitwillig das Buch lesen werden. Zur Abstimmung kann im Rahmen der Hausaufgabe Doodle (*www.doodle.com*) als Abstimmungswerkzeug genutzt werden. Dazu erstellt der Lehrer auf Doodle eine Abstimmung und teilt den Schülern den Link hierzu mit, etwa als Ausdruck oder auf einer digitalen ⇨ Lernplattform.
- **Durchführung:** Während der Lektüre machen sich die Schüler nach jeder Sinneinheit Gedanken dazu, was ihnen jeweils gut oder weniger gut gefallen hat. Am Ende werden die Meinungen der Schüler in einer Positiv-Negativliste gesammelt und festgehalten; entweder analog auf Tafel und Papier oder digital in einem gemeinsamen Dokument – z. B. mit Google® Documents (*http://docs.google.com*) oder in einem ZUMpad (*https://zumpad.zum.de*).
- Nach der Lektüre werden Amazon-Reviews zu den ausgewählten Büchern gelesen und verglichen. Auch hier werden durch die Schüler Positiv- und Negativlisten geführt. Die Schüler notieren darin, welche Aspekte des Buches als gut oder als weniger gut erachtet werden. Auf diese Weise erweitern die Schüler ihr Sprachwissen um wesentliche Chunks – hier ist also eine sorgfältige Moderation durch den Lehrer, eventuell auch eine Vorauswahl besonders geglückter und weniger geglückter Rezensionen, erforderlich. Schnellere Schüler werden mehr Kritiken in derselben Zeit lesen; dies ist jedoch als Differenzierung zu begrüßen.
- Bevor die Schüler aus ihren Notizen der Positiv- und Negativlisten eigene Texte verfassen, ist – je nach Klassenstufe – ein Rückgriff auf das Wissen über erfolgreiche Argumentationen aus dem Deutschunterricht nötig.
- Danach können Rezensionen geschrieben und verglichen werden; die ersten Entwürfe werden auf Papier verfasst.

- Um den Schülern zu zeigen, dass ihr Handeln auch in der realen Welt Wirkung zeigt, können ausgewählte überarbeitete Rezensionen online gestellt oder dem Verlag der Lektüre zur Verfügung gestellt werden.

Mögliche Fallstricke und Tipps

- Eine Schullektüre sollte die Schüler nicht überfordern – Wortschatz und Grammatik sollten weniger anspruchsvoll sein als die Texte aus den Schulbüchern.
- Die Themen einer Lektüre sollten mit den Interessen der Schüler und deren Lebens- und Erfahrungswelt zu tun haben, nicht nur mit den Interessen des Lehrers.
- Wenn eine Lektüre sich über mehr als zwei Schulwochen erstreckt, sollte sie den Schülern schon ausnehmend gut gefallen.

Erweiterungen und Abwandlungen

- Bereits in der Auswahlphase zur Lektüre könnten die Schüler Rezensionen sichten.
- Gängige Verfahren zum Vorstellen der verschiedenen Lektüremöglichkeiten wären: Zeigen und Besprechen der Buchcover oder Klappentexte, Vorstellen von Schlüsselszenen, Rückgriff auf Trailer zu Verfilmungen, Referate von Schülern (auch Schülern aus anderen Klassen) über die Lektüren etc.
- Am Ende der Lektüre können viele weitere interessante Unterrichtsvorhaben begonnen werden – mit digitalen Medien können beispielsweise Hörspiele, Videofilme und Animationen zur Lektüre erstellt werden.

Analoge Alternative

Die Amazon-Rezensionen können auch vom Lehrer ausgedruckt und mitgebracht werden. Die Schüler werden so jedoch nicht in individuellem Tempo arbeiten können.

Materialhinweise

- Leitfaden zum Verfassen guter Rezensionen: https://www.huffingtonpost.com/neal-wooten/tips-for-writing-amazon-r_b_6959118.html?guccounter=1 [1]
- Erläutertes Beispiel zu den Charakteristika einer Book Review: https://www.scribendi.com/advice/book_review_examples.en.html [2]

1.7 Poesie mit modernen Medien gestalten

Klasse 9–13

 3–4 Unterrichtsstunden

 Erarbeitung / Kreatives Schreiben

 Gefühle und Meinungen ausdrücken, kreativ mit Sprache umgehen

Beschreibung

Die Schüler verfassen eigene Gedichte oder gestalten Gedichte anderer Autoren um. Verschiedene Werkzeuge werden genutzt, um eine Ausstellung zusammenzustellen. Auf diese Weise wird ein schwieriges Thema, nämlich das Gedicht, schülergerecht und motivierend aufbereitet.

Benötigte Materialien und technische Voraussetzungen

- Computer, Tablets oder Smartphones mit Internetzugang pro Schüler
- Smartphones oder Tablets mit Internetzugang
- Analoge Wörterbücher, um unbekannte Vokabeln nachschlagen zu können
- Drucker

Ablauf und Methode an einem konkreten Beispiel

- Setting: Shakespeare-Sonett im Rahmen einer Unterrichtssequenz zum englischen Dichter
- Zu Beginn der Unterrichtsstunde steht die Begegnung mit einem Werk Shakespeares. Im Beispiel soll das Shakespeare-Sonett 18 „Shall I compare thee to a summer's day?" zunächst betrachtet und dann als Grundlage für eigene Ideen genutzt werden. Für untere Jahrgangsstufen werden natürlich Texte in einfacherem Englisch gewählt.
- Eingangs wird den Schülern der Text mittels Präsentation, z. B. PowerPoint®, gezeigt, wobei einige Stellen zunächst ausgegraut bleiben. Im Unterrichtsgespräch wird das Augenmerk zunächst auf die Leerstellen und die Frage nach passenden Wörtern gelenkt.
- Die Lösung erfolgt durch ein Video, wobei hierbei nur die Audiospur genutzt werden sollte – im Video wird auch der Text gezeigt. Die Schüler notieren die Lösungen und vergleichen sie mit den Antworten, die vorher gesammelt wurden.
- Eine erste gemeinsame Interpretation wird versucht, bei der insbesondere die Versenden als Schlüsselstellen herangezogen werden.
- Bei der Analyse des Reimschemas kann in der Regel auf Vorwissen aus dem Literaturunterricht zurückgegriffen werden, sodass ein schnelles Arbeiten möglich ist.
- Im nächsten Schritt werden computergestützt Gedichte geschrieben. Dafür eignet sich der Online-Masterpiece-Generator (*https://www.poem-generator.org.uk/*):

    Use the Masterpiece Generator (https://www.poem-generator.org.uk/) and write a nice poem about a zoo animal. You can use a dictionary (e.g. http://dict.cc). Copy and paste the poem into Word® or Pages.

- Mit dem Auftrag, das Gedicht aus dem Masterpiece-Generator weiter zu verbessern, werden die Schüler in eine ⇨ Gruppenarbeitsphase geschickt:

    Use the computer-generated poem as a starting point. Make the poem better, leave out words that you don't understand or replace them with other words.

- Nach der Überarbeitung werden die Gedichte ausgedruckt und im Klassenzimmer ausgehängt und mit Notizzetteln versehen. Die Schüler wählen nun aus den entstandenen Gedichten das lustigste, das interessanteste und das schönste Gedicht aus. Dazu werden Striche auf den Notizzetteln gesammelt, die auf den Gedichten kleben.

Mögliche Fallstricke und Tipps

- Da die Schüler gleichzeitig an den Gedichten und im Wörterbuch arbeiten, sind Papierwörterbücher hier sinnvoll.
- Das Ausdrucken stellt je nach Ausstattung eventuell ein Problem dar und kann ggf. durch das Abspeichern auf einem gemeinsamen Laufwerk oder auf einer ⇨ Lernplattform vereinfacht werden.

Analoge Alternative

Da der Masterpiece-Generator lediglich Bestandteile eines Gedichts neu zusammenstellt, lässt er sich auch analog mit Papierschnipseln nachstellen.

Materialhinweise und Beispiel

- Shakespeare-Sonett 18 mit ausgegrauten Textstellen zum Download als PowerPoint®-Folie: *http://www.mandree.de/shall-i-compare-thee/* [1]
- Video-Vortrag des Sonetts zur Lösung des Arbeitsauftrags: *https://vimeo.com/44720862* [2]
- Beispiel-Gedicht „Ode to the Frog": *https://www.poem-generator.org.uk/rmgr5xs/ode-to-frog.html* [3]

 1
 2
 3

2.1 Podcasts finden, anhören und auswerten

Klasse 7–11

 45 Minuten

 Erarbeitung

 Hörverstehen trainieren

Beschreibung

⇨ Podcasts sind Audioaufzeichnungen, die teilweise mit sehr hohem technischen Aufwand angefertigt werden und sich in den englischsprachigen Ländern einer überraschend großen Beliebtheit erfreuen. Meistens handelt es sich bei Podcasts um Sendungen, ähnlich Radioshows, die sich einem bestimmten Thema widmen. Zunehmend werden aber auch professionell produzierte Podcasts, etwa für Special-Interest-Themen angeboten. Podcasts, die schwerpunktmäßig Inhalte einer bestimmten Kategorie bereitstellen, werden häufig mit einem englischen Kürzel und dem Zusatz „-cast" bezeichnet. Beispiele stellen Bezeichnungen wie etwa „Sportcast" oder „Educast" dar. In der vorgestellten Unterrichtsstunde werden die Schüler mit dem Phänomen konfrontiert und sollen sich gegenseitig Podcasts vorstellen.

Benötigte Materialien und technische Voraussetzungen

- Für ⇨ Kleingruppenarbeit: Computer oder Tablets mit Internetzugang sowie Lautsprechern und vorinstallierter iTunes®-Software
- Für Einzelarbeit: idealerweise Kopfhörer (können die Schüler ggf. von zu Hause mitbringen)

Ablauf und Methode an einem konkreten Beispiel

- Setting: Verstehen und Bewerten authentischer englischsprachiger Hörtexte
- Vorbereitung: Der Lehrer druckt die aktuellen Podcast-Charts in ausreichender Anzahl für die Kleingruppen aus. Die iTunes®-Charts geben dabei einen guten Überblick (*http://www.itunescharts.net/charts/podcasts/*).
- Die Schüler wählen aus den Podcast-Charts gruppenweise einen Podcast aus, dessen Titel sie anspricht. Dann hören die Schüler die Podcasts an und beantworten in ihren Kleingruppen die folgenden Fragen:

Podcast review

Title of the podcast: _____   Group members: _____

- What was the podcast's topic?

- Was it easy to understand?

- Were the sound effects useful?

- Would you like to listen to more shows of the same podcast?

- Im Anschluss daran werden die Eindrücke im Plenum ausgetauscht. Die Schüler hören sich daraufhin die Podcasts an, die ihre Mitschüler empfohlen haben, und vergleichen ihre Eindrücke.

Mögliche Fallstricke und Tipps

- Die Schüler hören gleichzeitig unterschiedliche Audiotexte. Damit das Hörverstehen störungsfrei möglich ist, müssen alle Schüler ihre Endgeräte in Zimmerlautstärke betreiben. Ein Ausweichen in Nebenräume könnte hier hilfreich sein.
- Auch mit Android®-Geräten können Podcasts angehört werden; die App DoggCatcher Podcast Player (*https://play.google.com/store/apps/details?id=com.snoggdoggler.android.applications.doggcatcher.v1_0*) kann hierbei empfohlen werden.
- Die Podcasts von „This American Life" bieten viele unterschiedliche Themen aus dem US-amerikanischen Alltag, die von Schülern ab dem Sprachniveau B1 gut verstanden werden können.
- In der iTunes®-Reihe „Oprah's Master Class: The Podcast" kommen viele US-amerikanische Künstler zu Wort, die über ihre Karrieren und ihre Erfahrungen berichten. Persönlichkeiten wie Jay-Z, Dwayne Johnson oder Shaquille O'Neal bieten ein breites Spektrum an Identifikationsfiguren für die Schüler.

Analoge Alternative

Mit mehr Vorbereitungsaufwand ist ein ähnlicher Unterrichtsverlauf auch offline durchführbar. Hierzu erstellt der Lehrer im Vorfeld des Unterrichts entsprechende Aufnahmen von Podcasts oder englischsprachigen Radiosendungen, die den Schülern vorgespielt werden.

Materialhinweise und Beispiele

- Kurze thematische Einführung zum Thema „Podcast":
  https://www.oberlo.com/blog/what-is-podcast
- Podcast „This American Life":
  https://www.thisamericanlife.org/
- Podcast-Reihe „Oprah's Master Class: The Podcast"
  https://podcasts.apple.com/us/podcast/oprahs-master-class-the-podcast/id1401057414

2.2 Ein Hörspiel schreiben und aufnehmen

 3–4 Unterrichtsstunden

 Präsentation, mehrwöchige Projektarbeit

 Erlebniserzählungen schreiben und mündlich ansprechend wiedergeben

Beschreibung

Die Schüler erarbeiten ausgehend von einem bekannten Märchentext Szenen, die zunächst schriftlich fixiert und anschließend lebendig vertont werden. Die entstandenen Audiodateien werden auf eine CD gebrannt und können z. B. beim nächsten Klassenabend den Eltern präsentiert werden.

Benötigte Materialien und technische Voraussetzungen

- Computer oder Tablets mit Internetzugang pro Kleingruppe
- Smartphones pro Kleingruppe: Die Tonaufnahmen können die Schüler mit ihren Smartphones durchführen. Um eine gute Aufnahmequalität zu gewährleisten, kann zusätzlich ein USB-Mikrofon verwendet werden. Die Dateien werden dann zur Bearbeitung (z. B. Schnitt) per E-Mail, über Bluetooth oder Kabel auf einen Computer übertragen.
- Für die Arbeit mit Audiodateien ist das kostenlose OpenSource-Schnittprogramm ⇨ Audacity® (http://www.audacityteam.org) zu empfehlen, das im Vorfeld installiert werden sollte.
- DVD-/CD-Brenner zur Veröffentlichung auf CD

Ablauf und Methode an einem konkreten Beispiel

- Setting: Wiederholen des Simple Past und Erproben einer lebendigen Sprech- und Erzählweise
- Vorbereitung: Der Lehrer stellt eine Übersicht von Märchenfiguren zusammen, etwa als Impulsposter mit einem Wordcloud-Generator (www.wordle.net). Für das Märchenbeispiel eignen sich die folgenden Begriffe: The Ugly Duckling, Rumpelstiltskin, Hansel and Gretel, Snow White and the Seven Dwarfs, The Frog Prince, The Princess and the Pea, Little Red Riding Hood, The Emperor's New Clothes, Rapunzel, Puss in Boots.
- Die Schüler arbeiten in Gruppen zusammen und entscheiden sich für ein Märchen und eine kurze und prägnante Szene, die sie ausschnittsweise vertonen möchten.
- In einer Feedback-Runde stellt jede Gruppe vor, welche Märchenszene sie selbst beschreiben möchte. Der Lehrer kann helfend eingreifen – falls eine Gruppe sich nicht einigen kann oder keines der Märchen ausreichend bekannt ist.
- Im nächsten Schritt schreiben die Schüler ihre Skripts. Hilfreich kann eine Übersicht nach diesem Schema sein:

Who says it?	What does he/she say?	What sound effects can we use?

- Für die Auswahl von Soundeffekten wird die kostenlose Online-Datenbank Big-Sound-Bank (www.bigsoundbank.com) verwendet. Der Vorteil für den Englischunterricht ist, dass die Geräusche auf Englisch beschrieben werden. Die Soundeffekte werden heruntergeladen und auf den Rechnern gespeichert.

- Eine weitere Feedbackschleife kann informell durchgeführt werden, indem der Lehrer die Texte vor der Aufnahme durchliest und Verbesserungsvorschläge anbringt.
- Die fertiggestellten Texte werden im nächsten Schritt aufgenommen. Die Audio-Software ⇨ Audacity® ist hierbei das einfachste und stimmigste Mittel der Wahl.
- Ebenfalls in Audacity® werden die vorher ausgewählten Soundeffekte an den passenden Stellen eingefügt.
- Besonders schnelle Gruppen können nach der Fertigstellung der gesamten Aufnahme und dem Zusammensetzen des Hörspiels noch Filter in Audacity® verwenden, um z. B. die Stimmen zu verfremden.

Erweiterungen und Abwandlungen

- Neben Märchen können auch andere Texte – bis hin zu Sachtexten und Interviews – vertont werden.
  - Talentierte Schüler könnten Musikstücke als Hintergrundmusik einspielen.
  - Mit entsprechenden Hausaufgaben können auch Schüler damit beauftragt werden, bei Außenaufnahmen Hintergrundgeräusche einzufangen.

Analoge Alternative

Die Schüler gestalten in Gruppen Rollenspiele zu den verschiedenen Märchen. Dazu wählen sie sich ein Märchen aus und arbeiten ebenso ein Skript aus, auf dessen Basis ein Dialog fürs Rollenspiel entsteht. Die Rollen werden verteilt und eingeübt, so können neben den Figuren oder Erzählern auch Schüler beauftragt werden, die für Soundeffekte zuständig sind. Als Hausaufgabe können die Schüler zudem passende Requisiten für ihr Märchen und ihre Rolle mitbringen.

Materialhinweise, Beispiele und Infoseiten

- Beispiel – Room on the broom:
  https://www.youtube.com/watch?time_continue=30&v=wnCpEAwMAnY   `1`
- Einführung in Audacity®:
  https://praxistipps.chip.de/audacity-anleitung-und-tipps-fuer-einsteiger_42287   `2`
- Tipps für Einsteiger zum Aufnehmen von Sprechern:
  http://blogs.articulate.com/rapid-elearning/13-more-tips-to-help-you-record-narration-like-the-pros/   `3`
- Vollständiges E-Book zum Aufnehmen von ganzen Radio-Sendungen für Kinder:
  http://www.childrensradiofoundation.org/wp-content/uploads/2013/06/How-to-Make-Your-Own-Radio-Shows-Youth-Toolkit.pdf   `4`

2.3 Eine englischsprachige Schulradiosendung aufnehmen und senden

Klasse 5–11

 unterrichtsbegleitend, schuljahresbegleitende Projektarbeit

 Erarbeitung

 Texte verfassen und in angemessener Sprechgeschwindigkeit aufnehmen

Beschreibung

Eine von vielen Fragestellungen an den zeitgemäßen Unterricht, in dem die Schüler immer wieder neue Produkte herstellen, ist: Wer soll sich die Ergebnisse ansehen oder hören? Wenn es keine reale Zielgruppe gibt, entfallen viele wichtige Vorüberlegungen – und es entfällt auch ein Großteil der Motivation. Ein Plakat, das nur im Klassenzimmer aufgehängt werden soll, ein Text, den niemand liest … Das werden Schüler früher oder später eher deprimierend finden. Eine mögliche Lösung stellt das Schülerradio dar: Die Schüler nehmen Sendungen auf, die wöchentlich oder monatlich vorgeführt werden. Hierzu müssen Ideen entwickelt und Texte geschrieben, Tonaufnahmen angefertigt und am Ende die Beiträge zusammengeschnitten werden.

Benötigte Materialien und technische Voraussetzungen

- Smartphones oder Tablets mit Möglichkeit zur Audioaufnahme, pro Gruppe
- Die Tonaufnahmen können die Schüler mit ihren Smartphones oder Tablets durchführen. Um eine gute Aufnahmequalität zu gewährleisten, kann zusätzlich ein USB-Mikrofon verwendet werden. Die Dateien werden dann zur Bearbeitung (z. B. Schnitt) per E-Mail, über Bluetooth oder Kabel auf einen Computer übertragen.
- Für die Arbeit mit Audiodateien ist das kostenlose OpenSource-Schnittprogramm ⇨ Audacity® (*http://www.audacityteam.org*) zu empfehlen.
- Möglichkeit zur Speicherung der Audiodateien, z. B. auf der Webseite Vocaroo (*www.vocaroo.com*) oder auf einem eigenen Webserver
- Optional: Durchsagenanlage der Schule

Ablauf und Methode an einem konkreten Beispiel

- Setting: Einführung eines Schülerradiosenders als Projekt oder als schuljahresbegleitende Institution
- Zunächst werden die technischen und organisatorischen Möglichkeiten ausgelotet, wobei es zwei Alternativen gibt. Technisch etwas aufwendiger wäre es, einen Server in der Schule zu nutzen, auf dem die Aufnahmen als Dateien gespeichert werden. Hierbei können Lehrer die Sendung dann abspielen, wenn es in ihren Unterricht passt. Weniger aufwendig ist die Nutzung der schuleigenen Durchsagenanlage.
- Vorbereitung: Zunächst empfiehlt es sich, mit einer Sendung zu einem Themenschwerpunkt zu beginnen. Je nach Begeisterung der Schüler kann das Konzept dann erweitert werden. Die Themenfindung sollte dabei unter Einbezug der Klasse vonstattengehen:

What's new at school	the environment	interesting jobs	animals
technology	friendship	food at school	hobbies

- Durchführung: Nachdem ein Thema für die Sendung bestimmt wurde, sammeln die Schüler gruppenweise Ideen. Diese werden an der Tafel zusammengetragen und die besten Ideen ausgewählt. Je nach Sprachvermögen können die Schüler zum Artikulieren ihrer Meinung eventuell etwas „Language support" benötigen, z. B.:

That's a great idea.	I'm afraid we can't do this because…	It would be good if we…
Don't you think…	In my opinion…	What about…

- Die Schüler finden sich nun zu Interessensgruppen zusammen, wobei idealerweise drei Schüler eine Gruppe bilden. Jede Gruppe entwickelt ein Skript zu ihrer Idee, das hinterher etwa 60 Sekunden Sendezeit füllen sollte.
- Um den Stand der Rollen der einzelnen Schüler sowie die einzelnen Phasen abzufragen und zu vergleichen, wird die Blitzlichtmethode angewandt. Dazu äußern sich die Schüler mit einem Satz bzw. einigen wenigen Sätzen zu ihrer Rolle und Phase:

commentary	interview	background noise	music
presenter	sound engineer	producer	researcher

- Die Schüler zeigen sich gegenseitig ihre Skripts und bringen Verbesserungsvorschläge an. Hierzu kann ein Gallery Walk durchgeführt werden, bei dem die Schüler die Skripts im Klassenzimmer aufhängen, von Skript zu Skript laufen und dort ihre Vorschläge hinterlassen.
- Am Ende der Unterrichtssequenz werden die Sendungen aufgenommen. Hierbei sollten die Schüler in ein ruhiges Nachbarzimmer gehen, um ungestört aufnehmen zu können. Die Aufnahmen werden auf die Webseite Vocaroo (*https://vocaroo.com/?upload*) hochgeladen.
- Das Zusammenstellen zu einer Audiosendung erfolgt dann am Lehrer-PC mit der Software Audacity®.

Mögliche Fallstricke und Tipps

Die Aufmerksamkeit der Zuhörer sollte nicht überschätzt werden und daher nicht zu lange Skripts geplant werden.

Erweiterungen und Abwandlungen

Mit einem schulinternen Server lassen sich weiterführende Ideen bis hin zu einem schulinternen Schulfernsehsender umsetzen.

Analoge Alternative

Eine kleine Radiosendung bzw. eine Schulfernsehserie kann auch als Rollenspiel durchgeführt werden. Alternativ kann die Radiosendung in Absprache mit der Schulleitung auch in regelmäßigen Abständen über die Lautsprecheranlage der Schule vorgetragen werden.

Beispiel

- **Schulradio der Richmond North Public School:**
  https://richmondn-p.schools.nsw.gov.au/about-our-school/school-radio-station-studio-k.html   1

2.4 Hörverstehen mit Plickers überprüfen

Klasse 5–6

 45 Minuten

 Präsentation

 Hörverstehen trainieren: einzelne Laute erkennen und voneinander abgrenzen

Beschreibung

Hörverstehen ist ein eher aktiver als ein passiver Prozess. Bewusstes Hören erfordert Aufmerksamkeit und Konzentrationsfähigkeit sowie die Fähigkeit, Laute voneinander zu unterscheiden. Das alles spielerisch anzubahnen und zu üben, ist Ziel der vorgestellten Unterrichtseinheit. Mithilfe der App Plickers können die Schüler in einfachen Quiz aktiv und unmittelbar auf Gehörtes reagieren und benötigen dazu kein Smartphone oder Tablet. Alle Schüler erhalten ein Blatt mit einem vorab personalisierten ⇨ QR-Code®. Jeder Seite des QR-Codes® ist eine Antwortoption (a, b, c, d) zugeordnet und wird vom Schüler – je nach Frage – mit der entsprechenden Seite hochgehalten. Der Lehrer scannt die QR-Codes® mittels seiner App und erfasst so die individuellen Schülerantworten.

Benötigte Materialien und technische Voraussetzungen

- Downloads einer Auswahl an Sound-Effekten, z. B. auf BBC Sound-Effects (*http://bbcsfx.acropolis.org.uk/*)
- Computer und Beamer oder ein ⇨ interaktives Whiteboard
- Plickers-Kartenset mit QR-Codes® pro Schüler (entweder gekaufte Plickers Student Cards, z. B. auf *www.amazon.de* oder selbst ausgedruckt und laminiert)
- Smartphone mit vorinstallierter App Plickers (*www.plickers.com*)

Ablauf und Methode an einem konkreten Beispiel

- Setting: Überprüfung von Wortbedeutungen mit nonverbalen Impulsen
- Vorbereitung:
  - Sound-Effekte auswählen: Der Lehrer wählt aus den mehr als 16 000 Sounds auf der BBC-Webseite geeignete aus, die die Schüler auf Englisch benennen können. Neben dem unmittelbaren aktiven Wortschatz sind auch die Umschreibungsstrategien der Schüler zu berücksichtigen.
  - Plickers verwenden: Der Lehrer registriert sich auf Plickers (*www.plickers.com*) und installiert die App auf seinem Tablet oder Smartphone. Im Feld „Classes" legt er eine neue Klasse an, in die er alle Namen der Schüler einfügt, die dann jeweils einer Karte mit personalisiertem QR-Code® zugeordnet werden. Das Plickers-Kartenset kann nun ausgedruckt und am besten mit matter Folie laminiert werden. Alternativ können auch fertige Plickers-Kartensets online gekauft werden.
  Im Anschluss daran erstellt der Lehrer im Bereich „Library" einen Multiple-Choice-Test zu ausgewählten Tiergeräuschen, indem er Fragen und Antworten eingibt und die richtigen Antworten als solche markiert.
- Zunächst spielt der Lehrer erste Geräusche vor und lässt sie zuordnen. Der Unterricht kann – dem Primat des Mündlichen folgend – auf schriftliche Fixierung durch die Schüler verzichten, indem z. B. die Tiernamen auf Kärtchen im Stuhlkreis auf den Boden gelegt werden und die Schüler auf die entsprechenden Tiere zeigen:

dog	donkey	elephant	hen
horse	cat	lamb	lion
pig	sheep	tiger	duck

Auch mit weiteren Geräuschen kann man ähnlich im Stuhlkreis arbeiten, z. B. zum Wetter:

rain	fog	thunder
summer	wind	storm

Um möglichst alle Schüler zu beteiligen, werden die personalisierten Plickers-Karten an alle Schüler verteilt und das vorbereitete Multiple-Choice-Quiz gespielt. Mittels Computer und Beamer oder interaktivem Whiteboard werden die Fragen an die Wand projiziert. Dazu meldet sich der Lehrer auf Plickers an und wählt die Option „Live View". Die Schüler halten ihre QR-Codes® mit der jeweils richtigen Seite, d. h. der Seite mit der richtigen Antwortoption, nach oben. Dadurch, dass die Buchstaben recht klein auf den Karten aufgedruckt sind, können die Schüler nicht voneinander abschauen. Die Auswertung erfolgt durch die Plickers-App, die auf dem Smartphone des Lehrers installiert wurde. Der Lehrer scannt alle Karten im Klassenzimmer. Währenddessen kann live auf der Plickers-Webseite mitverfolgt werden, wie viele Schüler richtig oder falsch geantwortet haben.

Mögliche Fallstricke und Tipps

- Bei den Plickers-Quiz können nur Bilddateien hinzugefügt werden, Audiofiles wie die Soundeffekte müssen über einen Extra-Player passend zur Frage eingespielt werden.
- Im Bereich „Reports" können die Ergebnisse der einzelnen Fragen gemeinsam ausgewertet werden. Die detaillierte Auswertungsfunktion von Plickers macht das Üben und Wiederholen leichter und hilft bei der Diagnose von Fehlern.
- Ein Plickers-Quiz kann nur fünf Fragen enthalten, sodass unter Umständen mehrere Quiz erstellt werden müssen.

Erweiterungen und Abwandlungen

Von einfachen Übersetzungsaufgaben über Hör- und Bilderrätsel bis hin zu Abstimmungen – mit Plickers-Karten sind viele Ideen umsetzbar. Nach einer kurzen Einarbeitungszeit gelingt das Anfertigen von Aufgaben auch relativ schnell.

Analoge Alternativen

Der Klassiker wäre hier die Abstimmung mittels farbiger Karten. Oft genug werden hier aber die Schüler schnell darauf kommen, dass sie sich einfach am Klassenbesten orientieren müssen, um nicht bloßgestellt zu werden.

Infoseite

- Tutorial zu Plickers:
  https://www.youtube.com/watch?v=vaac0JCDf00

2.5 Sprechende Avatare mit Voki kreieren

Klasse 5

 45 Minuten

 Anwendung, Übung, besonders gut nutzbar zur Differenzierung

 sich mit einfachen Sätzen vorstellen

Beschreibung

Mit der kostenfreien Online-Plattform Voki (*www.voki.com*) lassen sich einfach und ohne Registrierung kommunizierende Avatare kreieren. Mithilfe unterschiedlicher Einstellungsmöglichkeiten (z. B. Haarfarbe, Kleidung etc.) gestalten die Schüler kreativ eine Figur, die sie auch noch zum Sprechen bringen können. Die Texte (max. 200 Zeichen) können eingetippt oder eingesprochen werden (max. 60 Sekunden). Besonders interessant für den Englischunterricht ist, dass man bei den Sprechstimmen zwischen unterschiedlichen Varietäten des Englischen wählen kann. Der Queen-Avatar spricht so zum Beispiel mit passend britischem Akzent. Die Schüler üben somit das Schreiben und Hörverstehen. Mit passenden Aufträgen können so vor allem im Fremdsprachen-Anfangsunterricht auf unterhaltsame Weise Standard-Phrasen geübt und umgewälzt werden.

Benötigte Materialien und technische Voraussetzungen

- Computer mit Internetzugang oder Tablets bzw. Smartphones mit der vorinstallierten Voki-App, pro Gruppe
- Um Avatare mit Voki zu gestalten, wird ein Webbrowser mit Adobe® Flash Player benötigt. Es sollte im Vorfeld geprüft werden, ob das gewünschte Programm auf den Geräten, mit denen gearbeitet werden soll, läuft. Ggf. muss Rücksprache mit dem schulischen EDV-Administrator gehalten werden.

Ablauf und Methode an einem konkreten Beispiel

- Setting: Wiederholung einfacher Phrasen zum Vorstellen, insbesondere als Differenzierung
- Vorbereitung: Der Lehrer stellt eine entsprechende Anzahl an Geräten für die Arbeit mit der vorinstallierten Voki-App bereit und erstellt einen Screenshot der Voki-Seite mit Avatar, um den Schülern die Arbeit mit der Software zu zeigen.
- Als Einstieg erklärt der Lehrer den Schülern anhand des Screenshots die Grundfunktionen der Software. Wesentlich ist dabei lediglich die Anweisung, dass die Schüler ihre Texte eintippen sollen. Alternativ kann auch gemeinsam ein Avatar erstellt werden.
- Dann gehen die Schüler in Kleingruppen zusammen und bearbeiten den Arbeitsauftrag.

    Use the website *www.voki.com*.

    Choose a new character.
    - What's his/her name?
    - How old is he/she?
    - What are his/her hobbies?
    - Does he/she have a pet?

    Make your character talk.

    In dieser Phase steht die schriftliche Umsetzung der einfachen Vorstellungsphrasen im Mittelpunkt.

- Mit Klick auf den „Publish"-Button speichern die Schüler ihren Link, unter dem das Kurzfilmchen verfügbar bleibt. Die Avatare werden nun im Plenum präsentiert. Die Schüler, die den jeweiligen Avatar nicht erstellt haben, hören zu und machen sich Notizen zu den wichtigsten Informationen.

Zuletzt kann auch noch darüber abgestimmt werden, welcher Avatar am besten gelungen / am kreativsten war.
- Die in der Stunde entstandenen Links können auch genutzt werden, um die Ergebnisse auf einer gemeinsamen ⇨ Lernplattform zugänglich zu machen.

Mögliche Fallstricke und Tipps

- Die Installation von Adobe® Flash Player kann problematisch werden, wenn der Benutzer keine Administrator-Rechte auf den Rechnern hat. Adobe® Flash Player erhält häufige Updates. Wenn die Voki-Website mit einem veralteten Flash-Plugin benutzt werden soll, erscheint eine Fehlermeldung. Der Lehrer sollte daher die Webseite am besten selbst vor dem ersten Einsatz im Unterricht auf den dafür vorgesehenen Geräten ausprobieren.
- Der Lehrer sollte die Schüler darauf hinweisen, dass sie die unterschiedlichen Varietäten und Stimmen bewusst ausprobieren sollen.

Erweiterungen und Abwandlungen

Voki bietet auch die Möglichkeit, historische Personen etwas sagen zu lassen. So könnte etwa Abraham Lincoln eine spontane Rede zur Lage der Nation halten.
- Mit Voki können Lehrer selbst lustige Einstiege und motivierende Überleitungen gestalten. Gerade für Situationen, in denen man keinen Native speaker zur Hand hat, der eben mal schnell eine Audiodatei aufnimmt, kann das ein gangbarer Weg sein.
- Der vom Lehrer erstellte Avatar kann auch die Moderation des Unterrichts übernehmen. Vielleicht ist er ja ein gefährlicher Superschurke, der den Schülern immer wieder neue Aufgaben zu lösen gibt.
- Wenn man nur schnell einen Avatar für den Unterricht erstellen will, der nicht sprechen können muss, kann auch die Webseite Avachara (*http://avachara.com/avatar/*) genutzt werden. Die Webseite eignet sich besonders gut bei der Einübung von Personenbeschreibungen.

Analoge Alternative

Teile der Unterrichtsideen lassen sich auch mit entsprechenden Handpuppen durchführen.

Materialhinweise und Beispiele

- Voki-Beispielcharakter:
  http://tinyurl.com/ybels4t8   ⬜ 1
- Mit dem alternativen Online-Charaktergenerator können Figuren erstellt werden, die nicht sprechen können: *http://avachara.com/avatar/*   ⬜ 2
- Voki:
  http://www.voki.com   ⬜ 3

 1   2   3

2.6 Grenzen der Spracherkennung finden und dokumentieren

Klasse 9–11

 45 Minuten

 Sprachbetrachtung / Anwendung

 sich kritisch mit digitalen Spracherkennungsassistenten auseinandersetzen, die Wichtigkeit deutlicher und verständlicher Aussprache der englischen Sprache erkennen

Beschreibung

Die Spracherkennung bzw. -steuerung ist zu einem selbstverständlichen Bestandteil des Alltags geworden. Die digitalen Assistenten werden immer genauer darauf programmiert, ihren Besitzern Wünsche zu erfüllen und Auskunft zu erteilen. In der vorgestellten Unterrichtsstunde sollen die Schüler ebendiese digitalen Assistenten untersuchen und vergleichen: Wie reagieren die Helferlein? Welche Informationen werden geliefert? Wo liegen die Risiken dieser Technik? Die digitalen Assistenten werden dabei als virtuelle Gesprächspartner genutzt, die Aussprachenungenauigkeiten schnell mit fehlerhaften Antworten quittieren.

Benötigte Materialien und technische Voraussetzungen

- Android®-Smartphone oder Android®-Tablet für Ok Google®: Google® Assistant, Google® Now
- iOS®-Smartphone oder Tablet für Siri
- Computer mit Windows® 10 (Cortana Windows® 10)
- Alle Geräte müssen mit dem Internet verbunden sein.
- Die Sprache der Assistenten muss jeweils auf Englisch eingestellt werden:
  - Android®: Einstellungen – Sprache und Eingabe – Google® Spracheingabe
  - iOS®: Einstellungen – Siri und Suchen – Sprache
  - Windows® 10: Einstellungen – Zeit und Sprache – Spracherkennung

Ablauf und Methode an einem konkreten Beispiel

- Setting: Anwendung und kritische Auseinandersetzung mit Spracherkennungsassistenten
- Zur Hinführung ans Thema eignen sich lustige Antworten digitaler Sprachassistenten, z. B. Siri Easter Eggs, Ok Google® Easter Eggs, Cortana Easter Eggs (siehe „Materialhinweise"). Der Lehrer liest die Antworten vor bzw. zeigt sie oder demonstriert sie selbst mit dem jeweiligen Endgerät und Sprachassistenten.
- Im Anschluss daran soll es um die Funktionen und Möglichkeiten digitaler Sprachassistenz gehen. Die Schüler tauschen sich paarweise in der Think-Pair-Share-Methode darüber aus, welche Funktionen digitaler Assistenten sie kennen und nutzen (z. B. Befehle und Fragen eingeben, Mails vorlesen, Musik wiedergeben, Smarthome-Anwendungen steuern etc.). Die Ergebnisse werden an der Tafel fixiert.
- Die Schüler arbeiten nun in Kleingruppen zusammen und erhalten pro Gruppe ein Endgerät mit Spracherkennungsassistent sowie ein „Research log", in dem sie ihre Ergebnisse der Arbeit mit dem Spracherkennungsassistenten festhalten können.

Research log

+ answer correct | – answer not good | 0 question not answered

	Android®	iOS®	Windows®
What's the weather like today?			
Tell me a funny joke.			
[…]			

Die Schüler erhalten die Aufgabe, mindestens zehn weitere Fragen an den Spracherkennungsassistenten zu stellen und die Ergebnisse zu dokumentieren.

- Die Ergebnisse werden anschließend verglichen: Wo streikt die Technik und woran liegt es? Welche Funktionen sind besonders nützlich, welche erscheinen eher als Spielerei?
- Im weiteren Verlauf werden anhand von Infografiken Statistiken und Trends zur Verwendung digitaler Sprachassistenten diskutiert (siehe „Materialhinweise"). Die Schüler ordnen somit ihr eigenes Nutzungsverhalten ein.
- Zuletzt soll auch auf die Nachteile digitaler Assistenten, etwa den Umgang mit den Nutzerdaten, die Auflösung der Privatsphäre und die gesteigerte Konsumbereitschaft der Nutzer, aufmerksam gemacht werden.
- Die Schülerantworten werden an der Tafel gesammelt. Weiterführende Informationen können aus Online-Artikeln (siehe „Materialhinweise") zusammengestellt werden.

Mögliche Fallstricke und Tipps

- Die Schüler sollten in unterschiedlichen Ecken des Klassenzimmers arbeiten oder in Ausweichräume aufgeteilt werden, damit die Geräte nur die Stimme eines Sprechers aufnehmen.
- Um die Stationenarbeit sinnvoll durchzuführen, sollten die Gruppen nicht größer als vier bis sechs Schüler sein. Für größere Klassen empfiehlt es sich also, die digitalen Assistenten jeweils zweimal vorzuhalten.

Analoge Alternative

Die Funktionen sowie Vor- und Nachteile von Spracherkennungsassistenten können auch rein theoretisch anhand der Infografiken und Zeitungsartikel diskutiert werden.

Materialhinweise

- Siri Easter Eggs:
  https://www.buzzfeed.com/mackenziekruvant/siri-is-one-sassy-broad?utm_term=.vkpY9ejwYN#.awv3Mdg83B [1]
- Ok Google® Easter Eggs:
  https://android.gadgethacks.com/how-to/20-google-home-easter-eggs-fun-commands-0174695/ [2]
- Cortana Easter Eggs:
  https://www.gamecrate.com/10-cortana-tricks-and-easter-eggs-windows-10/11614 [3]
- Infografiken zur Verwendung digitaler Sprachassistenten:
  https://www.go-gulf.com/blog/virtual-digital-assistants/ [4]
- Zeitungsartikel zu den Nachteilen digitaler Sprachassistenten:
  https://www.theatlantic.com/technology/archive/2016/05/the-privacy-problem-with-digital-assistants/483950/ [5]

3.1 Vlogs – YouTuber® im Englischunterricht thematisieren

Klasse 5–9

 45 Minuten

 Sprachbetrachtung

 zentrale Inhalte einfacher Hör-Sehverstehenstexte erfassen

Beschreibung

Videos von Online-Videoportalen zählen zu den Top-Freizeitbeschäftigungen vieler Schüler. Der erfolgreiche Videodienst YouTube® kann am PC, am Smart-TV, an Spielekonsolen und Smartphones aufgerufen werden. Gerne geben die Schüler Empfehlungen weiter, welche Videos besonders unterhaltsam sind. Die Schüler erwarten neben Unterhaltung und Konsumempfehlungen durch Beauty- und Fashion-YouTuber® auch Anregungen zu ihren Hobbys, wobei sie dort auch durchaus spezialisierte YouTube®-Kanäle ansehen.

Die erfolgreichsten und reichweitenstärksten YouTuber® sind englischsprachig, und viele YouTuber® aus dem deutschen Sprachraum orientieren sich an deren Sprache, Inhalten und an deren Videogestaltung.

Benötigte Materialien und technische Voraussetzungen

Smartphone oder Tablet mit Internetanschluss pro Kleingruppe

Ablauf und Methode an einem konkreten Beispiel

- Setting: typische Merkmale von YouTube®-Videos erarbeiten und über deren Qualität diskutieren
- Vorbereitung: Der Lehrer wählt vier bis fünf erfolgreiche englischsprachige YouTuber® aus unterschiedlichen Kategorien aus, z. B.:
    - PewDiePie   (gaming)
    - Dude Perfect   (sports)
    - Smosh   (comedy)
    - NigaHiga   (gaming, comedy)
    - JennaMarbles   (beauty, comedy)
- Die Schüler finden sich interessensgeleitet zu Kleingruppen zusammen und sollen sich dann gemeinsam eine besonders beliebte Folge des jeweiligen YouTube®-Kanals ansehen. Die Schüler erhalten ein Arbeitsblatt mit Fragen zum Video:

Choose one of these YouTubers® and watch one show from their channel. The show should be typical of the channel. Take notes while you're watching.

1. *Which two ideas in the video did you find very interesting?*
2. *Which two ideas were not useful or interesting to you?*
3. *What makes this YouTuber® successful?*
4. *What's special about this YouTuber®'s language?*
5. *What kind of video editing tricks are used? Write down when they are used, so that you can show them to your classmates.*
    - *At ___ : ___*
    - *At ___ : ___*
6. *Would you recommend this YouTuber®? Why / Why not? Find a typical scene to show to your classmates (no longer than 20 seconds).*
Typical scene at ___ : ___

- Dadurch, dass die Schüler ihre Antworten zunächst schriftlich fixieren und in einer Gruppe abgleichen, werden erste Sprechhemmungen abgebaut – mithin können im Anschluss an die Videobetrachtung die Gemeinsamkeiten und Unterschiede zwischen den YouTubern® gefunden und erklärt werden.
- Die ausgewählten Abschnitte der Videos werden nun betrachtet und verglichen: Wie werden Stimmungen erzeugt, wie werden die Zuseher aktiviert und zum Dabeibleiben aufgefordert?
- Für Schüler in den unteren Jahrgangsstufen können auch Satzanfänge angeboten werden, z. B.:

The video was great / okay / bad because... The special effects were amazing / nice / boring because... The video has some new / silly / uninteresting ideas, for example... The YouTuber® seems ...

Mögliche Fallstricke und Tipps

- Die Schüler sollten keine Videos von YouTubern® ansehen, die sie schon kennen, da sich sonst die Fans in ihrer jeweiligen Gruppe zu sehr als Experten aufspielen könnten.
  - Die Webseite des British Council bietet eigene YouTube®-Videos mit vielseitigen Sendungen an, die sich durch ein einfacheres Englisch und eine gute Produktionsqualität hervorheben.
  - Manche YouTuber® verwenden bewusst niedrige Register der Umgangssprache. Dies sollte vorab vom Lehrer beachtet und ggf. thematisiert werden.

Materialhinweise und Beispiele

- Auflistung populärer YouTuber®: *https://www.businessinsider.de/most-popular-youtubers-with-most-subscribers-2018-2?op=1*
- Auflistung der YouTuber® des British Council: *https://learnenglishteens.britishcouncil.org/study-break/youtubers*

3.2 Videos in Stop Motion aufnehmen

Klasse 5–6

 2 Unterrichtsstunden

 Erarbeitung

 Dialoge aus typischen Alltagssituationen kreativ umsetzen und vertonen

Beschreibung

⇨ Stop Motion Filme sind einfache Trickfilme, die mit nur wenig Aufwand aus allen möglichen Requisiten erstellt werden. Besonders bekannt sind die Knetanimationen aus der Reihe „Wallace and Gromit". Aber auch die Spielzeugfirma Lego® hat es verstanden, das eigene Spielmaterial für diese Filmgattung zu etablieren. Mit dem Suchbegriff „Lego® Stop Motion" kann man über sieben Millionen Filme von Star Wars bis hin zu Alltagserlebnissen finden (siehe „Materialhinweise").
In der skizzierten Unterrichtssequenz wird Stop Motion verwendet, um ansprechende Ergebnisse zu erzielen. Die Schüler setzen ihre eigenen Ideen kreativ im Film um, wenden wichtige Floskeln der Alltagskommunikation an und leihen ihren Figuren ihre Stimmen.

Benötigte Materialien und technische Voraussetzungen

- Möglichkeit 1:
    - Anwendung für iOS®-Endgeräte: Stop Motion Studio (*https://itunes.apple.com/de/app/stop-motion-studio/id441651297?mt=8*)
    - iOS®-Tablets pro Kleingruppe
- Möglichkeit 2:
    - Software Windows® Movie Maker (bis einschl. Windows® 8.1) bzw. Microsoft® Fotos (ab Windows® 10)
    - beliebige, auch ältere, Smartphones mit Kamerafunktion pro Kleingruppe

Ablauf und Methode an einem konkreten Beispiel

- Setting: alltägliche Dialoge führen, z. B. in einer Schulcafeteria oder in einem Schuhgeschäft
- Sozialform: ⇨ Gruppenarbeit in Kleingruppen, 2–3 Schüler mit jeweils einem Gerät
- Vorbereitung: Der Lehrer stellt sicher, dass ausreichend Kameras zur Verfügung stehen, sodass jede Kleingruppe ein Smartphone bzw. Tablet mit Kamerafunktion hat.
- Zum Einstieg in die erste Unterrichtsstunde werden den Schülern zunächst Beispiele für Stop Motion Filme gezeigt. Je nach Altersstufe sollten diese mehr oder weniger technisch aufwendig produziert sein. Die Technik wird mit einem einfachen Handout verdeutlicht:

---

8 things you should know about Stop Motion Films

1. Take more pictures than you think you need. For a 20 second film you'll need 200 good pictures.
2. Make small movements with hands, arms and chest to show that the character is still living and breathing.
3. Remember: One student holds the camera, the others move characters and things.
4. Keep it simple! You don't need to build a castle when a nice wall is enough.
5. You can use a lot of different materials and backgrounds.
6. If you want to show where your actors are, you can also write signs.
7. Don't move the camera too much.
8. Don't laugh too much – your hands will shake.

- In Gruppenarbeit erstellen die Schüler nun – ausgehend vom Textbuch – einfache Skripts, die vom Lehrer zurückhaltend korrigiert werden.

- Anschließend beginnt die eigentliche Filmarbeit. Die Schüler fertigen Fotografien an, die ihre Akteure in Bewegung zeigen.
- Daraufhin werden die Fotos in der richtigen Reihenfolge im Filmbearbeitungstool zusammengesetzt – hier werden Lehrer, die von der oben skizzierten Möglichkeit 2 (siehe „Benötigte Materialien und technische Voraussetzungen") Gebrauch machen, viele Details zu erklären haben (oder auf ein passendes Erklärvideo zurückgreifen). Wesentlich ist, dass jedes Foto für etwa 0,2 Sekunden gezeigt wird. Die Filme werden so zwar etwas ruckeln, dafür ist jedoch das Filmprojekt auch in wenigen Unterrichtsstunden fertig. Die iOS®-App Stop Motion Studio bietet hingegen schon alle Funktionen, die für das Projekt benötigt werden.
- Der letzte Schritt geht in der iOS®-App „Stop Motion Studio" wieder sehr einfach: Mittels der Mikrofon-Funktion kann eine Tonspur zum Film hinzugefügt werden. Die Schüler werden hierfür etwas mehr Ruhe brauchen. Auch ohne iPads® kann eine Tonspur hinzugefügt werden; die oben genannten Videobearbeitungs-Tools bieten dafür einfache und eingängige Funktionen an.
- Die Videos werden anschließend im Klassenverband angesehen und – wichtig! – ausschließlich gelobt.

Mögliche Fallstricke und Tipps

- Die Schüler haben besonders mit wechselnder Beleuchtung ihrer Szenen zu kämpfen. Hier können Taschenlampen helfen, gleichmäßige Lichtverhältnisse zu schaffen.
- Insbesondere in den unteren Jahrgangsstufen sollten die Schülerskripts kurz ausfallen, damit die Aufnahmen ohne viele Versprecher gelingen.

Analoge Alternative

Das Daumenkino als klassische analoge Alternative kann durchaus auch gezeigt werden, ist jedoch stumm und deshalb für den Englischunterricht nicht in ähnlicher Weise ergiebig.

Materialhinweise, Beispiele und Infos

- Stop Motion Filmbeispiele:
  https://www.google.com/search?q=lego+stop+motion&client=firefox-b-ab&source=lnms&tbm=vid&sa=X&ved=0ahUKEwjjsbTW787cAhWE6aQKHUtIALAQ_AUICigB&biw=958&bih=959
- Tutorial zur Erstellung von Videos mit der App Stop Motion Studio:
  https://youtu.be/KS8PMnAKJL4
- Bearbeitung von Ton und Spezialeffekten bei Stop Motion Videos:
  https://www.stopmotiontutorials.com/stop-motion-anleitung-nachbearbeitung.php
- Tutorial zur Erstellung eines Stop-Motion-Films:
  https://www.youtube.com/watch?v=yxNQve5gkrU

3.3 Videos aufnehmen und mit Flipgrid kommentieren

Klasse 5–7

 45 Minuten

 Produktion im Rahmen eines Kurzprojekts

 kurze Äußerungen schriftlich planen und mündlich präsentieren

Beschreibung

Flipgrid ist eine Video-Response-Plattform, auf der Schüler zu einer gestellten Aufgabe Kurzvideos von maximal fünf Minuten erstellen, hochladen und kommentieren können. Diese Art der Kommunikation ist den Schülern bestens vertraut, da sie auf Snapchat®, Instagram® oder TikTok® tagtäglich mit kurzen Videobotschaften umgehen. Die Plattform Flipgrid bringt also die Medienkonsumgewohnheiten ins Klassenzimmer. Dabei trainieren die Schüler, kurze Äußerungen zu planen und mittels Videos mündlich zu präsentieren. Die fertigen Produkte bleiben nicht unbeachtet und können von den Mitschülern mit fairen Feedbacks kommentiert werden.

Benötigte Materialien und technische Voraussetzungen

Smartphones oder Tablets, alternativ auch Laptops mit Webcam pro Kleingruppe

Ablauf und Methode an einem konkreten Beispiel

- Setting: Eine Traumurlaubsreise wird möglichst wortreich beschrieben. Dabei werden unterschiedliche Sinneseindrücke geschildert. Die Schüler geben sich zu ihren Videos dabei gegenseitig Feedback – wiederum in Form von Videos.
- Vorbereitung:
  - Der Lehrer erstellt sich zunächst einen Educators-Account auf Flipgrid (*www.flipgrid.com*). Im Reiter „My Grids" lässt sich mit einem Klick auf „New Grid" ein virtuelles Klassenzimmer erzeugen. Dazu benennt man das Grid, überlegt sich, ob es mittels Passwort verschlüsselt sein soll, und erzeugt einen Flip Code.
  - Im Grid selbst können unter „New Topics" beliebig viele Themen angelegt werden, die eine Aufgabe oder Fragestellung in Textform oder als Video enthalten. Folgende Angaben sind für das hier aufgeführte Beispiel sinnvoll:

Topic Title:	My dream holidays
Video Response Time:	1 minute
Topic Description:	Talk about your dream holidays and make us smile. Remember: Be nice!
Response Moderation:	Off

  - Im Bereich „Topic Resource" kann die Standardanimation beibehalten werden oder man löscht die Animation und wählt bei „Add a Giphy" ein passendes Bild.
- Im Unterricht selbst wird zunächst das Thema „Holiday plans" besprochen: Wo könnte man hinfahren und was kann man dort erleben? Eventuell können hier mögliche Reiseziele auf einem Globus oder mit Google® Earth visualisiert werden. Ein Tafelbild wird dazu entwickelt, das Vorteile von Strand- und Bergurlaub gegenübergestellt:

beach holidays	mountain holidays
• you can go swimming	• see animals
• relax at the beach	• nice food
• warm summer nights	• not very hot
• play beach volleyball	• mountain biking

- Nun schreibt der Lehrer den Titel des Grids und den Freigabelink (Flipcode) an die Tafel und demonstriert, wie die App Flipgrid funktioniert. Er nimmt dazu selbst ein Statement auf und zeigt den Schülern die Kommentarfunktion.
- Daraufhin haben die Schüler die Möglichkeit, mit einem Freigabelink, also ohne Anmeldung, eine Videoantwort zu erstellen.
- In ⇨ Gruppenarbeit erstellen die Schüler nun Skripts zu ihrem Traumurlaubsort, wobei die folgenden Fragen beantwortet werden sollten:
  - Where are you?
  - What is the weather like?
  - How did you get there?
  - What did you do yesterday?
  - What do you want to do tomorrow?

Mögliche Fehler in den Schülertexten können nach dem Schreiben markiert werden. Die meisten Schüler werden jedoch schon ungeduldig darauf warten, dass endlich gefilmt werden kann, sodass eine Überarbeitungsphase sehr kurz ausfallen sollte.
- Die fertiggestellten Texte werden im nächsten Schritt mit Flipgrid aufgenommen.
- Sobald die ersten Schüler mit den Aufnahmen fertig sind, können die Schüler die Aufnahmen ihrer Mitschüler betrachten und kommentieren.

Mögliche Fallstricke und Tipps

- Bei Flipgrid ist es möglich, sich mit einem eigenen Google®- oder Microsoft®-Konto anzumelden. Für schulische Angelegenheiten ist es empfehlenswert, ein eigenes Google®-Konto unter einer eigenen schulischen E-Mail-Adresse anzulegen. Sollte an der eigenen Schule ein Nutzungsvertrag mit Microsoft® geschlossen worden sein – häufig bekannt als Office 365® – so kann die Anmeldung auch mit dem entsprechenden Microsoft®-Lehrerkonto erfolgen.
- Die Gruppengröße für die Gruppenarbeit sollte bei maximal drei Schülern liegen.
- Aus Sicht des Datenschutzes verspricht Flipgrid Inc., die komplette Datenkontrolle in der Hand des Lehrers zu lassen und keine Daten weiterzuverkaufen. Da sich die Videos allerdings nicht auf deutschen Servern befinden, bietet es sich an, Pseudonyme für die Schüler zu verwenden, um keine persönlichen Daten zu veröffentlichen.

Erweiterungen und Abwandlungen

Mit Flipgrid lassen sich sehr unterschiedliche Unterrichtsszenarien umsetzen. Insbesondere beim Feedback zu den einzelnen Schülerbeiträgen kann man mehr oder weniger detailliert arbeiten.

Analoge Alternative

Im vorgestellten Setting können die Skripts alternativ direkt vor der Klasse vorgespielt werden. Ein entsprechend dekorierter Karton könnte hierbei als Fernsehgerät dienen.

Materialhinweise

- Das Lehrerhandbuch zu Flipgrid:
  https://blog.flipgrid.com/educatorsguide

3.4 Das Klassenzimmer zum Sendestudio umfunktionieren

Klasse 6–8

 3 Unterrichtsstunden

 Anwendung

 mündliche Äußerungen schriftlich planen und präsentieren, einen Videoclip als Lernprodukt kreativ verwirklichen

Beschreibung

In diesem Unterrichtsszenario werden die Schüler zu Fernsehmachern. Gemeinsam wird eine Nachrichtensendung konzipiert und dann aufgenommen. In der ersten Unterrichtsstunde wird das Szenario erklärt, die Gruppen werden eingeteilt und gemeinsam wird beschlossen, welche Inhalte in der Nachrichtensendung erscheinen sollen. In der zweiten Unterrichtsstunde werden die Drehbücher geschrieben und es wird geprobt. Eventuelle Außenberichte werden als Hausaufgabe erledigt – dies bietet sich jedoch eher für ältere Schüler an, die sich leichter am Nachmittag treffen können. In der letzten Stunde wird dann die Nachrichtensendung selbst aufgenommen. ⇨ OBS ist eine kostenlose Software, mit der sich einfach Videos aufnehmen und streamen lassen.

Benötigte Materialien und technische Voraussetzungen

- Computer mit integrierter Webcam sowie vorinstallierter OBS-Studio-Software (*http://obsproject.com*)
- Green Screen oder eine grüne Wand, ersatzweise eine grüne Tafel
- Ggf. eine Handpuppe als Avatar
- Ein Kabel zum Verbinden mit dem Laptop sollten die Schüler selbst mitbringen.

Ablauf und Methode an einem konkreten Beispiel

- Setting: eine eigene Nachrichtensendung planen und durchführen
- Vorbereitung: Der Lehrer installiert die Software OBS-Studio auf seinem Computer und organisiert einen grünen Hintergrund. Danach wählt er für die Arbeit mit dem Green Screen ein schönes Fernsehstudio-Hintergrundbild aus, z. B. aus der Google® Bildersuche, und lädt dieses auf den eigenen Laptop.
- In der ersten Unterrichtsstunde wird den Schülern zunächst eine Nachrichtensendung als Einstieg gezeigt, z. B. das Jugendformat des amerikanischen Fernsehsenders CNN, CNN-10 auf *https://edition.cnn.com/cnn10* (siehe „Materialhinweise"). Gemeinsam werden Teile einer Nachrichtensendung erarbeitet und an der Tafel fixiert:
    - Two or three Lead Stories – the most important news stories, often with a reporter who is at the location of a breaking story
    - Other News – lifestyle news
    - Weather – The weather report talks about today's weather, and the forecast gives information on tomorrow's temperatures, rain, storms…
    - Sports – In the sports block you can find out about tournaments and their results.
    - Kicker – There's often a joke at the end of a newscast to make people laugh or smile.

Die Schüler werden nun in Gruppen eingeteilt, die jeweils für einen Teil der zu produzierenden Sendung zuständig sind. Zur Auswahl stehen die Ressorts Nachrichten, Lifestyle-Themen, der Wetterbericht, Sport und Witze. Vorab entscheiden die Gruppenmitglieder über die folgenden Punkte:

You are the producers of a part of our newscast. Decide:
- *What will your story be about?*
- *What props will you need (and how will you make them)?*
- *Who will be your speaker (You can also use a puppet as speaker)?*

Write your results on a piece of paper.

- In der zweiten Unterrichtsstunde werden die Texte und Requisiten vorbereitet. Bei den Texten ist es wichtig, dass sich die Schüler kurzhalten und ihre Texte ggf. auf Moderationskarten notieren. Für die Requisiten oder Einspieler müssen sich die Gruppen genau überlegen, was sie benötigen. Für den Wetterbericht benötigen die Schüler zum Beispiel Wolken und Landkarten, für einen Bericht über den Schulkiosk ist ein Vorgespräch mit dem Verkaufspersonal notwendig etc. Außenaufnahmen werden als Hausaufgabe erledigt und müssen in der nächsten Stunde mitgebracht werden. Die meisten Schüler werden auf ihren Smartphones filmen wollen – ein Kabel zum Verbinden mit dem Laptop sollten die Schüler ebenfalls mitnehmen.
- In der dritten Unterrichtsstunde werden die Ideen der Schüler gefilmt. Jedes Segment sollte dabei nicht zu lang sein (max. 45–50 Sekunden pro Ressort). Eine Sendung von insgesamt vier Minuten Dauer ist dabei ambitioniert genug. Für das Filmen der Nachrichtensendung ist die folgende Vorgehensweise sinnvoll:
  - Zunächst werden – falls Außenaufnahmen gemacht wurden – die Filmclips der Schüler von den Smartphones auf dem Computer gespeichert.
  - Nun werden die Sprecher mit den Texten vor den Computer gesetzt und der Green Screen dahinter fixiert.
  - Die Software OBS wird gestartet; eine Auflösung von 1280 x 720 Pixeln wird zunächst scharf genug sein.
  - Im Bereich „Einstellungen" wird unter „Ausgabe" als Aufnahmeformat „mp4" gewählt.
  - In der Software OBS wird im Bereich Quellen zunächst ein Bild für den Hintergrund hinzugefügt, danach ein Videoaufnahmegerät – hier eben die im Computer integrierte Webcam.
  - Mit Rechtsklick auf das Videoaufnahmegerät im Bereich Quellen gelangt man in das Menü „Filter", wo im Bereich Effektfilter der „Chroma Key" ausgewählt wird. Mit dem Schieberegler „Ähnlichkeit" wird die Stärke des Green Screen-Effekts angepasst.

Mögliche Fallstricke und Tipps

- Der Green Screen funktioniert besser, wenn die Schüler, die im Bild sind, keine grüne Kleidung tragen.
- Während des Filmens sollte es im Klassenzimmer komplett still sein.
- Outtakes werden sofort gelöscht. So arbeiten die Schüler konzentrierter.

Erweiterungen und Abwandlungen

Außenaufnahmen können als weitere Quelle in OBS eingefügt werden.
- Die Einzelteile der Sendung können zusammengefügt und als Ganzes der Parallelklasse oder an Elternabenden gezeigt werden.

Analoge Alternative

Auch ohne digitale Hilfsmittel kann im Klassenzimmer eine Nachrichtensendung inszeniert werden. Die Vorarbeit bleibt dabei die gleiche. Die Sendung wird als eine Art szenisches Spiel aufgeführt.

Materialhinweise und Infoseiten

- CNN-10:
  https://edition.cnn.com/cnn10 　　　　　　　　　　　　　　1
- Schnelleinstieg in OBS-Studio:
  https://obsproject.com/wiki/OBS-Studio-Quickstart 　　　　2
- Ausführliches Video-Tutorial zu OBS Studio:
  https://www.youtube.com/watch?v=XzBACoWPjsc 　　　　3

1　　　　　　　　2　　　　　　　　3

3.5 Literal Music Videos – Videos neu vertonen

Klasse 8–12

 45 Minuten

 Erarbeitung

 Gesehenes treffend beschreiben, einen Videoclip mit eigenen Texten neu vertonen

Beschreibung

Literal Music Videos sind ein Phänomen des Internetzeitalters, bei dem ein gemeinsamer kultureller Referenzrahmen genutzt wird, um Crossmedia-Kunstwerke herzustellen. In anderen Worten: Literal Music Videos sind großer Spaß. Offizielle, bekannte Musikvideos werden als Ausgangspunkt für neue Medienmontagen genommen – da Musikvideos in der Regel nicht viel mit den Songtexten zu tun haben, besteht ein logischer Bruch, der durch ein Literal Music Video wieder geschlossen wird. Hier wird der Songtext neu geschrieben, und zwar so, dass er zum Video passt – etwa zum Song „Take On Me" der norwegischen Band a-ha, wo zum Beispiel an einer Stelle der Songtext zu „Look, there's a handsome guy inside this comic" geändert wurde. Auf YouTube® finden sich zahlreiche verschiedene „Literal versions" von internationalen Nutzern. Für den Englischunterricht ergibt sich ein motivierender Schreibanlass: Wer schafft es am besten, einen Text für ein Literal Music Video zu schreiben?

Benötigte Materialien und technische Voraussetzungen

- Computer mit Internetzugang
- Beamer oder ein ⇨ interaktives Whiteboard sowie Lautsprecher für die Präsentation
- optional: Tablet oder Smartphone mit Internetzugang pro Schülerpaar, damit sie das Video selbst im eigenen Tempo ansehen und stoppen können.
- Für die Arbeit mit Audiodateien ist das kostenlose Open Source-Schnittprogramm ⇨ Audacity® (*http://www.audacityteam.org*) zu empfehlen.

Ablauf und Methode an einem konkreten Beispiel

- Setting: Wiederholung des Simple Past, der direkten Rede und des Wortschatzes zur Personenbeschreibung
- In der Vorstunde wird von den Schülern erfragt, welche Musikvideos sie kennen und gern ansehen.
- In der eigentlichen Unterrichtsstunde wird zunächst der Wortschatz zum Beschreiben von Personen sowie je nach Jahrgangsstufe das Verwenden des Present Progressive und der Wortschatz zum Wortfeld „Filmanalyse" thematisiert.
- Nun wird das ausgewählte Original-Musikvideo mit Ton und eingeblendeten Untertiteln gezeigt; der Arbeitsauftrag sollte während des Betrachtens für die Schüler sichtbar bleiben:

Compare the video to the song's lyrics. What does the video show that you can't find in the song text – and what is in the song text that you can't see in the video?

- Nach einer Diskussion über die Diskrepanzen zwischen dem Video und dem Songtext wird das Konzept der Literal Music Videos gezeigt, z. B. am Beispiel des bereits erwähnten a-ha-Songs.
- Damit die Schüler den nun folgenden Arbeitsauftrag ausführen können, wird ihnen der Text zum ausgesuchten Song ausgeteilt – das Layout sollte so gestaltet sein, dass viel Platz für Ideen der Schüler gelassen wird. Folgender Arbeitsauftrag bietet sich dabei an:

Let's replace the lyrics with lyrics that describe the video. Try to make the text as long as the original text, and if you can, find words that rhyme where the original text rhymes.

- Der Arbeitsauftrag, passende Songtexte zu schreiben, sollte in Partnerarbeit erledigt werden. Wenn für zwei Schüler jeweils ein Mediengerät zur Verfügung steht, können die Schüler das Video dort anhalten, wo sie wollen. Alternativ zeigt der Lehrer das Video in Dauerschleife.
- Während die Schüler arbeiten, unterstützt die Lehrkraft bei Grammatik- und Wortschatzproblemen.
- Nach etwa 15 Minuten Arbeitszeit darf ein Schüler aus jedem Zweierteam im Klassenzimmer herumgehen und Ideen stehlen – so wird sichergestellt, dass auch weniger kreative Schüler am Ende mit ihrem Ergebnis zufrieden sein können.
- Die Texte werden vorgestellt und aus den besten Ideen entsteht ein gemeinsamer Text.
- Der neue Text kann jetzt über das Video eingesprochen oder auch eingesungen werden. Besonders einfach gelingt diese Art von Video-Voiceover mit der Software iMovie® auf Apple iPads® oder iPhones®. Auf Windows®-Computern ist die Vorgehensweise etwas umständlicher: Auf einem Gerät lässt man das Video laufen, während auf einem zweiten mit der Software Audacity® eine Tonspur aufgenommen wird. Mit der bei Windows® 10 standardmäßig mitgelieferten Software Fotos kann nun die neue Tonspur mit dem Video kombiniert werden.

Mögliche Fallstricke und Tipps

Je detaillierter die Hilfestellung für die Schüler erfolgt, desto gleichförmiger werden die Schülertexte zunächst ausfallen. Um deutlich unterscheidbare Texte zu bekommen, werden die Schüler unterschiedliche Beispiele benötigen.

Erweiterungen und Abwandlungen

Die Texte können bei entsprechendem Interesse selbst zu einem eigenen Literal Music Video gemacht werden. Die Software Audacity® bietet einen Filter an, mit dem die Stimmenspur aus einem Song entfernt werden kann; diese kann dann durch eine Mikrofonaufnahme ersetzt werden. Die Aufnahme selbst wird jedoch viel Zeit in Anspruch nehmen.

Analoge Alternative

Die Schüler können, statt ein Video neu zu vertonen, einfach den Ton leiser stellen und den Text möglichst passend vortragen.

Beispiele und Materialhinweise

- Literal Music Video "Take on Me":
  https://www.youtube.com/watch?v=8HE9OQ4FnkQ
- Audiobearbeitungssoftware Audacity®:
  https://sourceforge.net/projects/audacity/
- Voiceover mit Apple iMovie® auf iPads®:
  https://youtu.be/_VwSvuH1XfA?t=841
- Voiceover mit Microsoft® Fotos:
  https://www.youtube.com/watch?v=ns0JPLpN8t8

3.6 Werbevideos kritisch vergleichen

Klasse 8–11

 45 Minuten

 Anwendung

 authentische Spracherzeugnisse verstehen und kritisch bewerten

Beschreibung

Die australische Regierung weist mit regelmäßigen Kampagnen auf das hohe Hautkrebsrisiko hin – dies schon seit dem Jahr 1981, und dazu noch mit gutem Erfolg. Der Werbeslogan „Slip! Slop! Slap!" wurde um die Verben „Seek" und „Slide" erweitert, sodass insgesamt die Empfehlung lautet: „Slip on a shirt, Slop on sunscreen, Slap on a hat, Seek shade or shelter, Slide on some sunglasses." Die Werbekampagne wurde bereits früh medial unterstützt. Das Original-Video mit dem Maskottchen, „Sid the Seagull", wurde noch als handgezeichneter Comicfilm gestaltet, um die Zielgruppe gut zu erreichen. In der aktuellen Kampagne mit „Sid the Seagull" werden weitere Empfehlungen ausgesprochen. Das Video ist nun computeranimiert, die Musik wurde modernisiert – und dennoch bleibt die Kernbotschaft dieselbe. Diese Unterrichtsstunde stellt einen wichtigen Baustein im Bereich Medienbildung dar, da die Schüler, die sich täglich neuer Medien bedienen, kritisches Sehen und Hören von Videos erlernen.

Benötigte Materialien und technische Voraussetzungen

- Computer und Beamer oder ein ⇨ interaktives Whiteboard mit Internetzugang und Lautsprechern

Ablauf und Methode an einem konkreten Beispiel

- Setting: kritischer Vergleich englischsprachiger Werbekampagnen
- Einstieg: Die Schüler sehen die einleitenden zehn Sekunden der ersten Version des Videos „Slip! Slop! Slap!" aus dem Jahr 1981 (siehe „Materialhinweise": Video 1) ohne Ton und tauschen sich darüber aus, was die Intention des Videos sein könnte.
- Im Anschluss daran wird den Schülern das ganze Video präsentiert, diesmal allerdings mit Ton. Während des Hörsehverstehensprozesses füllen die Schüler einen Beobachtungsbogen aus.

  - title: _____
  - production year: _____
  - plot summary: _____
  - length: _____
  - target group: _____
  - How was the movie made? _____

- Die Ergebnisse werden verglichen und die Zielrichtung des Videos wird im Unterricht erschlossen. Mit einer Weltkarte, z. B. Google® Maps (*https://www.google.com/maps/@-28.7325371,133.0626321,4.4z*), wird Australien lokalisiert, und – sofern noch nicht geschehen – das Ozonloch im Unterricht thematisiert. In der Regel können die Schüler hierzu bereits auf Vorwissen aus anderen Unterrichtsfächern zurückgreifen, sodass lediglich ein paar Vokabeln nötig sind, um über das Phänomen sprechen zu können:

  atmosphere, layer, ozone hole, ultraviolet, radiation, greenhouse effect, skin cancer, melanoma, prevention

- Auch die aktuelle Fassung des Hautkrebspräventionsvideos (siehe „Materialhinweise": Video 2) wird gezeigt und ebenfalls durch den oben skizzierten Beobachtungsbogen erfasst. Gemeinsamkeiten und Unterschiede der beiden Videos können im Klassenverband herausgearbeitet werden. Die Zielgruppe der beiden Videos sollte dabei erst am Ende verglichen werden, da von dort aus zur folgenden Fragestellung übergeleitet werden kann:

What should be in a video campaign for teenagers and young adults?

- Die Ideen dazu werden gesammelt, fixiert und anschließend mit dem dritten Video (siehe „Materialhinweise": Video 3) verglichen. Auch hier kann der Beobachtungsbogen eingesetzt werden, insbesondere um Unterschiede im Bildaufbau, in der Farbgestaltung, aber natürlich auch im Inhalt und der Sprache des Videos festzuhalten.
- Zum Stundenende kann zu klassischer Vokabelarbeit übergeleitet werden, um die Begriffe aus dem Bereich „Medizin" zu sichern.

Mögliche Fallstricke und Tipps

Themenstellungen wie Krebs oder auch Erkrankungen allgemein können im Unterricht problematisch werden, wenn die Schüler derartige Krankheitsfälle im Freundes- oder Familienkreis erleben. Die Klassenlehrer der jeweiligen Schülergruppe sollten deshalb im Vorfeld der Unterrichtsstunde befragt und gegebenenfalls das Gespräch mit betroffenen Schülern gesucht werden.

Erweiterungen und Abwandlungen

Deutlich tiefergehendes Hintergrundwissen zur aktuellen Forschung bietet die NASA auf ihrer Webseite an. Interessierte Schüler finden hier weiterführende Informationen – jedoch in anspruchsvollerem Fachenglisch: https://ozonewatch.gsfc.nasa.gov/education/index.html.

Materialhinweise

- Video 1 „Slip! Slop! Slap!", 1981:
  https://www.youtube.com/watch?v=b7noclenCYg
- Video 2 "Slip, Slop, Slap, Seek and Slide":
  http://www.sunsmart.com.au/tools/videos/current-tv-campaigns/slip-slop-slap-seek-slide-sid-seagull.html
- Video 3 "UV. It all adds up":
  www.sunsmart.com.au/about/media-campaigns/current-campaigns/uv-it-all-adds-up

1

2

3

3.7 Erklärvideos mit Adobe® Spark Video gestalten

Klasse 7–11

 4–5 Unterrichtsstunden

 Erarbeitung / Ergebnissicherung

 Auskunft über Sachverhalte geben und angemessene Fachsprache verwenden

Beschreibung

Etwa zwei bis drei Minuten – so lange sollte ein Erklärvideo idealerweise sein, um die Aufmerksamkeit des Betrachters nicht unnötig zu strapazieren, um nicht zu weit ins Detail zu gehen und um sicherzustellen, dass die vermittelten Inhalte auch behalten werden können.
Solche Erklärvideos findet man zu allen möglichen und unmöglichen Themen auf den gängigen Videoportalen (hier z. B. ein Erklärvideo zur Währungsreform: *https://youtu.be/StZhbA7HMcQ*). Die Schüler sind durchaus daran gewöhnt, aus Videos zu lernen: Tricks für Skateboard und Fußball, für schwierige Lerninhalte und Sachverhalte – für fast jedes Thema findet man Videoanleitungen online. Die Stile der Videos variieren von Videotutorials zu Erklärvideos im Vlogging-Stil oder Explainity-Clips im Legetrick-Stil. In der vorgestellten Unterrichtssequenz sollen die Schüler selbst Erklärvideos zu verschiedenen Grammatikthemen entwickeln, wobei das Endprodukt einsteigerfreundlich und einfach ausfallen soll: Die Schüler entwerfen einen Explainity-Clip. Sie erstellen dazu Schlagworte und Figuren, bewegen diese über den Tisch und sprechen dazu aus dem Off. Adobe® Spark Video (*https://spark.adobe.com/*) ist eine geeignete Webanwendung, mit der schnell und einfach derartige Videos erstellt werden können.

Benötigte Materialien und technische Voraussetzungen

- Tonpapier, Kleber, dicke Stifte
- Dokumentenkamera mit Möglichkeit zur Videoaufnahme, ein Computer mit Webcam oder ein Tablet pro Gruppe
- Um eine gute Aufnahmequalität zu gewährleisten, kann zusätzlich ein USB-Mikrofon verwendet werden.
- Accounts für die Anmeldung auf Adobe®; ein Account pro Gruppe genügt. Zur Einrichtung der Accounts sowie zur Anmeldung werden E-Mail-Adressen benötigt.

Ablauf und Methode an einem konkreten Beispiel

- **Setting:** Eine Klasse einer höheren Jahrgangsstufe stellt Grammatikinhalte für Schüler der unteren Jahrgangsstufen korrekt und verständlich dar.
- **Vorbereitung:** Die Schüler benötigen eine Adobe®-ID, d. h. sie müssen sich mit ihrer E-Mail-Adresse bei Adobe® registrieren. Zudem wählt der Lehrer verschiedene Grammatikthemen so aus, dass jeweils fünf Schüler ein Thema behandeln können.
- In der ersten Unterrichtsstunde erarbeiten sich die Schüler ein Grammatikthema, das bereits vertieft im Unterricht behandelt wurde, und überlegen, mit welchen Beispielen dieses Thema sinnvoll erklärt werden kann. Die Schüler fertigen Material an, das sie für die Erklärung brauchen – Sprechblasen, Pfeile, Rahmen zur Hervorhebung – und beschriften dieses. Hierbei übernimmt der Lehrer eine beratende Rolle, indem er die Gruppen unterstützt und mit neuen Impulsen dafür sorgt, dass jede Gruppe in eine sinnvolle Richtung arbeitet. Zum Ende der ersten Unterrichtseinheit stellen die Schüler mithilfe der Blitzlicht-Methode vor, was sie bislang erarbeitet haben. Bis zur nächsten Stunde sollen die Schüler selbstständig einteilen, wer welche Materialien anfertigt oder mitbringt, damit die Videos erfolgreich gefilmt werden können.

- Die zweite Unterrichtsstunde zum Thema – idealerweise eine Doppelstunde – steht zu Beginn noch ganz im Zeichen der Planung: Ein Skript muss geschrieben werden, aus dem klar hervorgeht, wer wann was sagt, wann welches Papierschnipsel vor die Kamera geschoben wird und wer welche Aufgabe übernimmt.

Topic		Director		Camera	
Speaker		Speaker		Special Effects	
Who?	Text		Effects		
Mike	„Hello. We would like to tell you about the simple past, and when to use it."		Karin	Shows sign "hello", then sign "Simple Past"	
Proofreader (signature)			Proofreader (signature)		

Durch das Eintragen in ein gemeinsames Skript wird für die gesamte Gruppe klar und auch verbindlich, wer wann was erledigt. Das Skript sollte nun im Stil einer Peer review von zwei weiteren Gruppen Korrektur gelesen werden, wobei im Streit- oder Zweifelsfall wieder der Lehrer gefragt sein wird. Wenn die Schüler an die Arbeit mit digitalen Plattformen gewöhnt sind, können das Erstellen des Skripts und auch das Überarbeiten ebenfalls digital erfolgen – so wird das Skript leichter lesbar.
- In der dritten Unterrichtsstunde werden die Skripts nun verfilmt. Hierzu bieten sich mehrere Verfahren an: Wenn eine Dokumentenkamera im Klassenzimmer ist, kann diese verwendet werden. Viele gängige Modelle bieten die Möglichkeit, Videos auf einem USB-Stick zu speichern. Mit einer entsprechenden (auch improvisierten) Halterung können Tablets und Smartphones zur Videoaufzeichnung genutzt werden. Vom Halten des Tablets in der Hand sollte Abstand genommen werden, da ein unruhiges Bild sehr störend wirkt.
- In Unterrichtsstunde vier führt der Lehrer die Schüler kurz in die Arbeitsweise mit Adobe® Spark Video ein:
  - Auf der Webseite Adobe® Spark (*https://spark.adobe.com/*) klicken die Schüler auf das große Plus auf der Webseite. Nun wählen sie den Reiter „Videos". Mit dem Tablet arbeiten die Schüler analog zur Arbeitsweise mit dem Computer via Adobe® Spark App.
  - Danach wählen sie ein Design für ihr Video aus. Ist das erfolgt, müssen zunächst ein passender Titel und eine Story-Vorlage (z. B. „Zeigen und beschreiben") gewählt werden. Mit einem Klick auf das Plus können nun Videos, Text und Fotos in die Vorlage eingefügt und mit dem Mikrofon kann die Tonspur besprochen werden.
- Durch Klicken auf den "Publish and Share Link" können die Schüler einen Link zu ihrer Präsentation erstellen. Nun können die Schülerprodukte per Computer und Beamer oder ⇨ interaktivem Whiteboard gezeigt und besprochen werden.

Mögliche Fallstricke und Tipps

- Bei der Gruppenzusammenstellung kann man zwei verschiedene Strategien erfolgreich verfolgen:
  - Entweder man lässt die Schüler selbst entscheiden, wer zusammenarbeiten möchte, und weist dann Themen zu, die die Schüler herausfordern, aber nicht überfordern.
  - Oder aber der Lehrer bemüht sich, durch die Zusammenstellung der Gruppen leistungsstarke und leistungsschwächere Schüler zu mischen.

Erweiterungen und Abwandlungen

- Die Videos können technisch beliebig aufwendig gestaltet werden – mit einem Green Screen und entsprechenden Apps können zum Beispiel Nachrichtensendungen und Ähnliches erstellt werden.
- Adobe® Spark bietet neben Adobe® Video noch weitere Dienste an, mit denen man Videos und Bilder gestalten kann.

Analoge Alternative

Anhand des Skripts können die Videos natürlich auch mithilfe einer Digitalkamera und eines Stativs an einem Stück gefilmt und vertont werden. Diese Vorgehensweise erfordert allerdings einen Probedurchlauf, bei dem die Schüler ihre Rollen einüben. Bei der Verfilmung selbst muss sehr konzentriert zusammengearbeitet werden, da bei Versprechern nicht so häufig von vorne begonnen werden kann.

Infoseiten

- Tutorial Adobe® Spark Video im Unterricht:
  https://youtu.be/0pqt0hFaDpM   1

1

4.1 Virtuelle Expeditionen mit Google® Expeditions durchführen

Klasse 5–9

 45 Minuten

 Präsentation

 Personen, Orte und Ereignisse mit vielfältigen sprachlichen Mitteln beschreiben

Beschreibung

Virtual Reality ist längst keine unrealistische Fantasie aus Science-Fiction-Filmen mehr. Die Technologie ist in Wirtschaft, Industrie und Privathaushalten angekommen. Höchste Zeit also, auch im schulischen Kontext die Möglichkeiten interaktiver virtueller Umgebungen zu nutzen. Google® Expeditions ermöglicht das Eintauchen in Gegenden, die den Schülern sonst nicht offenstehen. Angeboten werden u. a. Rundgänge durch die internationale Raumstation ISS, durch den Regenwald oder durch den menschlichen Körper. Besonders interessant für den Englischunterricht sind auch die Führungen durch englischsprachige Städte, Museen und Regierungsgebäude, die in Google® Expeditions frei verfügbar sind. Die 3D-Umgebung ist mit Smartphones oder Tablets nutzbar. Besonders attraktiv wird die Unterrichtseinheit durch die Nutzung von VR-Brillen.

Benötigte Materialien und technische Voraussetzungen

- Smartphones mit Internetzugang, verbunden mit demselben WLAN-Netzwerk, und mit der vorinstallierten App Google® Expeditions pro Kleingruppe
- VR-Brille aus Karton, z. B. Google® Cardboard pro Kleingruppe

Ablauf und Methode an einem konkreten Beispiel

- Setting: Beschreibung von Museumsexponaten und Durchführen einer virtuellen Museumstour
- Vorbereitung: Der Lehrer muss die App Google® Expeditions auf den Endgeräten für die Schüler und seinem eigenen Tablet oder Smartphone vorinstallieren. Im Menüpunkt „Entdecken" stehen viele Führungen zur Verfügung. In dieser Unterrichtsstunde soll das Science Museum in London besucht werden. Daher sollte der Lehrer diese Museumstour auf sein Tablet oder Smartphone laden. Die Speicherung auf dem Lehrerendgerät genügt.
- Zum Stundeneinstieg verteilt der Lehrer die Endgeräte, die mit dem WLAN-Netzwerk verbunden sein müssen, an die Kleingruppen. Ein einfaches Tafelbild zeigt das Symbol von Google® Expeditions, damit die Schüler die App leichter finden können.
- Der Lehrer selbst startet Google® Expeditions auf seinem eigenen Tablet oder Smartphone und wählt den Programmbereich „Guide" aus.
- Die Schüler nehmen mit einem Klick an der Expedition teil und stecken nun ihre Geräte in die VR-Brillen aus Karton. Ein Schüler der Gruppe setzt sich nun die VR-Brille auf, erkundet den virtuellen Raum des Museums und beschreibt dabei den anderen Schülern auf Englisch, was er gerade sieht. Nach einer vorab festgelegten Zeit wird die Brille weitergereicht.
- Nach den ersten spontanen Äußerungen kann das Material der Google® Expedition verwendet werden, um die Aufmerksamkeit der Schüler auf besonders interessante Sachverhalte und Exponate zu lenken. Der Lehrer klickt dazu auf bestimmte vordefinierte Besonderheiten, wodurch die Schüler mittels eines Pfeils in die entsprechende Richtung gelenkt werden.
- In der unteren Leiste des Programms kann zum nächsten Raum weitergeschaltet werden.
- Zum Stundenende fertigen die Schüler kurze Notizen zu ihren favorisierten Ausstellungsstücken an und präsentieren ihre Eindrücke mündlich.

Mögliche Fallstricke und Tipps

- Wenn die Schüler mit eigenen Geräten arbeiten, so müssen diese im selben WLAN-Netzwerk sein wie das Gerät des Lehrers. Die meisten Schulen trennen zwischen Schüler- und Lehrernetzwerk. Google® Expeditions funktioniert aber nur, wenn alle Geräte im Schülernetzwerk sind.
- Im Idealfall stehen für jeden Schüler ein Gerät und eine VR-Brille aus Karton zur Verfügung. Alternativ kann auch ohne VR-Brillen gearbeitet werden. Die Schüler müssen dann darauf achten, dass sie ihre Endgeräte entsprechend der Blickrichtung schwenken.
- Bei der Verwendung von VR-Brillen sollten die Schüler nicht im Raum herumlaufen, sondern an ihrem Platz sitzen bleiben und sich so um die eigene Achse drehen. Außerdem sollte man vor der ersten Expedition darauf hinweisen, dass sie bei Übelkeit („Motion sickness") lieber aus der Expedition aussteigen oder ohne die VR-Brille nur auf dem Bildschirm ihres Smartphones teilnehmen sollen.
- Die Sicherung durch individuelle Notizen wird in der folgenden Unterrichtseinheit wieder aufgegriffen werden müssen, um einen nachhaltigen Lernzuwachs zu sichern.

Erweiterungen und Abwandlungen

- Mit etwas Vorbereitung kann auch ein Schüler die Rolle des Museumsguides übernehmen.
- Sobald die Schüler die App kennengelernt haben, werden sie selbst auf Reiseziele hinweisen, die sie interessieren könnten. Entsprechende Anregungen sollten aufgegriffen werden.
- Empfehlenswerte Expeditionsziele für den Englischunterricht sind zum Beispiel die US-Nationalparks, die Londoner U-Bahn oder die New Yorker Recyclinganlagen.
- Im fächerübergreifenden Unterricht bietet es sich an, dass die Schüler sich selbst eine VR-Brille aus Karton anfertigen (siehe „Materialhinweise").

Materialhinweise und Beispiele

- Google® Expeditions Android®:
  https://play.google.com/store/apps/details?id=com.google.vr.expeditions&hl=de [1]
- Google® Expeditions iOS®:
  https://itunes.apple.com/de/app/expeditions/id1131711060?mt=8 [2]
- Beispiel für Google® Cardboard:
  https://www.knoxlabs.com/products/knox-v2 [3]
- Bastelanleitung für eine VR-Brille aus Pizzakarton:
  https://www.youtube.com/watch?v=inPzMq40TSg [4]

 1   2   3   4

4.2 Eine Schulhausführung mit Audioguides erstellen

Klasse 5–7

 3–4 Unterrichtsstunden

 Ergebnissicherung / Wiederholung

 einfache monologische Texte planen und mündlich ansprechend darbieten

Beschreibung

Die Schüler gestalten Audioguides für eine Führung durch das Schulhaus, bei der neben grundlegenden Informationen auch Anekdoten über die Schule weitergegeben werden. Die Audioguides werden durch ⇨ QR-Codes®, die an passenden Stellen im Schulhaus aufgehängt werden, einem weiteren Publikum zugänglich gemacht – dies können Klasseneltern, Mitschüler oder auch internationale Gäste des Schulhauses sein. So können die Gäste selbstständig durch das Schulhaus gehen und an markierten Stationen Hintergrundinformationen erhalten, indem sie den abgedruckten QR-Code® mit ihren Smartphones einscannen und die verlinkte Audioaufnahme anhören.

Benötigte Materialien und technische Voraussetzungen

- Smartphones oder Tablets mit Internetzugang und Möglichkeit zur Audioaufnahme pro Gruppe
- Um eine gute Aufnahmequalität zu gewährleisten, kann zusätzlich ein USB-Mikrofon verwendet werden.
- Webseite oder Server, auf der bzw. dem Audiodateien gespeichert werden können, z. B. auf der kostenlosen Aufnahmeseite SpeakPipe (*https://www.speakpipe.com/voice-recorder*)
- Webseite zum Erstellen von QR-Codes® (*www.the-qr-code-generator.de*)

Ablauf und Methode an einem konkreten Beispiel

- Setting: Wiederholung des Vokabulars zum Thema Schule sowie des Simple Present zur Beschreibung von Tatsachen
- Vorbereitungen: Der Lehrer überlegt sich vorab geeignete Orte des Schulhauses für die Führung.
- Zum Stundeneinstieg denken die Schüler darüber nach, welche Stationen einer Schulhausführung besonders interessant sein könnten – der Schulgarten, die Schulküche, Fachräume, Aufenthaltsräume oder die Cafeteria. Auch die Frage, zu welchem Ort man interessante Dinge erzählen kann, sollte hierbei bereits angesprochen werden: Gibt es eine Kunstausstellung auf den Gängen? Kann man vielleicht sogar die Biologielehrkraft auf Englisch zu den ausgestellten Tieren im Biologiefachraum befragen?
- In ⇨ Gruppenarbeit erstellen die Schüler nun Skripts zu ihrem jeweiligen Thema. Sinnvollerweise gehen die Gruppen dabei zunächst von dem Ort, den sie beschreiben müssen, aus und fertigen einige Fotos davon an. Ausgehend von den Fotografien können nun Beschreibungen, Interviews mit Mitschülern, Sachinformationen und Meinungen im Mittelpunkt des jeweiligen Skripts stehen. Die Skripts werden in Gruppenarbeit erstellt und zum Ende der Arbeitsphase beim Lehrer abgegeben.
- Mögliche Fehler in den Schülertexten können nach dem Schreiben markiert werden. Je nach Leistungsstand der Klasse und Zielrichtung des Unterrichts kann die Korrektur durch Mitschüler oder den Lehrer erfolgen. Auch eine sehr zurückhaltende Verbesserung, bei der lediglich sinnverzerrende Grammatik- und Wortschatzfehler vermerkt werden, ist möglich, da die Texte eingesprochen werden.
- Je nach Jahrgangsstufe können in dieser Phase Wortspeicher mit hilfreichem Vokabular, Musterdialoge oder auch nur Wörterbuch-Webseiten als Scaffolding bereitgestellt werden.

- Die fertiggestellten Texte werden im nächsten Schritt aufgenommen; die meisten Smartphones und Tablets haben entsprechende Funktionen, sodass nur die Rahmenbedingungen für die Aufnahme optimiert werden müssen: Jede Gruppe braucht eine etwas ruhigere Stelle im Schulhaus oder Klassenzimmer, damit die Aufnahmen möglichst ohne Hintergrundgeräusche durchgeführt werden können. Die Aufnahmen können direkt mithilfe der Webseite SpeakPipe eingesprochen werden – hierbei werden die Audiodateien sofort online gespeichert. SpeakPipe bietet direkt nach der Aufnahme einen Link an, der zunächst kopiert wird.
- Der gerade erzeugte Link wird nun mittels eines QR-Code®-Generators in einen QR-Code® umgewandelt, welcher abgespeichert und ausgedruckt wird.
- Zusammen mit einer kurzen Beschreibung kann der QR-Code® nun an geeigneter Stelle aufgehängt werden.

Mögliche Fallstricke und Tipps

- Insbesondere in den unteren Jahrgangsstufen sollten die Schülerskripts kurz ausfallen, damit die Aufnahmen ohne viele Versprecher gelingen.
- Im fächerübergreifenden Unterricht kann in Zusammenarbeit mit dem Fach Musik auch ein Jingle aufgenommen werden, der jeweils vor den Audioaufnahmen abgespielt wird. Dies steigert den Wiedererkennungswert der Aufnahmen und sorgt dafür, dass das gesamte Projekt als Einheit wahrgenommen werden kann. Schnell und einfach lassen sich mit den folgenden Anwendungen Jingles produzieren: die App GarageBand für iOS® oder die Webseite Soundtrap (*www.soundtrap.com*).
- Das Gelingen des Projekts hängt von der Qualität der Dokumentation ab. Grundlegende Arbeitstechniken der Projektarbeit sollten den Schülern möglichst schon vertraut sein.
- Die Gruppengröße sollte bei drei Schülern liegen, idealerweise mit deutlich unterscheidbaren Stimmen, sodass bei der Aufnahme klar wird, wer gerade spricht.
- Eine Überarbeitung mit einer Audiobearbeitungssoftware wie z. B. ⇨ Audacity® (*https://sourceforge.net/projects/audacity/*) kann weitere Möglichkeiten bieten, wie etwa das Einbinden von Musik oder passenden Geräuschen.

Erweiterungen und Abwandlungen

- Statt einer Führung durch das Schulhaus kann auch eine Führung durch eine einzelne Ausstellung einer Klasse geplant werden – auch eine Ausstellung aus einem anderen Unterrichtsfach kann so in der Fremdsprache erschlossen werden.
- Auch an Lernorten außerhalb des Klassenzimmers können Audioguides erstellt werden, z. B. in Kooperation mit Kirchen oder lokalen Museen.

Analoge Alternative

Mit entsprechenden Skripts auf Papier ausgestattet, können die Schüler auch persönlich in kleinen Gruppen eine Schulhausführung auf Englisch durchführen. Je nach Anzahl der Stationen bietet es sich an, eine Gruppe von drei bis vier Schülern zusammenzustellen, von der jeder zu einer bis drei unterschiedlichen Stationen etwas sagen kann. Besonders sinnvoll erscheint dies etwa im Rahmen eines Schüleraustauschprogramms, bei dem die Gäste einen ersten Überblick über das Schulgelände erhalten sollen.

Beispiel

- Beispiel Audioguide:
  https://www.speakpipe.com/voice-recorder/msg/1tawnm7gyjwgi4e8

4.3 Bildgestütztes Erklären einüben

Klasse 5–6

 45 Minuten

 Erarbeitung / Sicherung

 mithilfe von Bildmaterialien einfache Sachverhalte ausdrücken und präsentieren, mündlich Feedback geben

Beschreibung

In dieser anfängerfreundlichen Kurzsequenz berichten die Schüler selbst über ihr eigenes Zimmer, wobei sie bekanntes Vokabular und bekannte, einfache Redemittel verwenden.

Benötigte Materialien und technische Voraussetzungen

- Smartphone mit Kamerafunktion pro Schüler
- Für die Präsentation: Dokumentenkamera und Beamer

Ablauf und Methode an einem konkreten Beispiel

- Setting: bildgestützte Sprechübung mit einfachen Redemitteln
- Vorbereitung:
  - Als Einstieg führt der Lehrer das Vokabular zum Thema „My room" bzw. „Rooms in a house" ein. In den Lehrplänen und Lehrwerken für fünfte Klassen wird dieses Thema in der Regel im Zusammenhang mit dem Oberthema „Family" behandelt. Für die Einführung bieten sich lehrerzentrierte Verfahren an, bei denen ausgehend von der Möblierung des Klassenzimmers das Vokabular der Schüler schrittweise erweitert wird.
  - Als Hausaufgabe sollen die Schüler ihr eigenes Zimmer mit ihrem Smartphone fotografieren. Der folgende Arbeitsauftrag sollte nicht bloß notiert, sondern auch besprochen werden:

    Use your phone. Take photos of your favourite things in your room.

    Eventuell könnte der Lehrer vorab selbst ein Foto seines eigenen Arbeitszimmers zeigen und so ein Beispiel vorgeben.
- In der eigentlichen Unterrichtsstunde stellen die Schüler die Bilder ihrer Zimmer vor, wobei jeweils ein Mitschüler Rückmeldung zu den Fotos oder dem Vortrag gibt. Besonders wichtig ist dabei, dass die Schüler bei Ihrer Präsentation bzw. ihrem Feedback sprachliche Hilfestellung erhalten. Der „Language Support" für die Präsentierenden kann ausgedruckt am Pult liegen, während die Satzbausteine für das Feedback an der Tafel oder einer Flipchart gut für die gesamte Klasse sichtbar sein sollten.

Language Support

Helpful phrases for your presentation:
- Hello class. Today I want to show you my room.
- Here you can see…
- This is …
- Here is / are …
- And look, this …
- Thank you!

Helpful phrases for your feedback:
- I like your …
- Your wardrobe / bed / chair / carpet / … is really nice.
- The first / second / third / … photo is great.
- Where do you do your homework / sleep / play?

Mögliche Fallstricke und Tipps

- Um zu vermeiden, dass die Schüler zu sehr mit ihren eigenen Besitztümern prahlen, kann der Lehrer ein entsprechendes Modell vorgeben, bei dem eben nicht der materielle Wert der Dinge im Vordergrund steht:

  This is my favourite thing in my room. It's a flowerpot that my favourite aunt gave me. I like it because it is nice and colourful.

- Wenn einzelne Schüler ihr Zimmer nicht präsentieren wollen, dann kann das an Schüchternheit liegen, oder auch daran, dass sie ihr eigenes Zimmer nicht attraktiv finden. Ein Gespräch unter vier Augen kann hier Klarheit bringen. Letztlich sollten sehr junge Schüler aber nicht gezwungen werden, in der Fremdsprache vor der Klasse zu sprechen. Häufig hilft es den schüchterneren Schülern schon, wenn sie nicht zu den ersten gehören, die ihre Ergebnisse präsentieren.

Erweiterungen und Abwandlungen

- Eine Digitalfoto-Gruppe könnte mit verschiedenen Fotofiltern experimentieren, um die Bilder zu verbessern.
- Attraktiver wird die Präsentation der Ergebnisse, wenn die Schüler nicht nur durch eine Smartphone-Fotogalerie schalten, sondern selbst eine kleine Präsentation mit einem Präsentationsprogramm (z. B. PowerPoint®) zusammenstellen. So lässt sich auch das Vokabular sichern.
- Eine Internet-Suche mit dem Suchbegriff „Children's bedroom" bringt schnell viele Bilder von mehr oder weniger attraktiv eingerichteten Kinderzimmern. Diese könnten gespeichert werden und als Kommunikationsanlässe für Anschlussaufgaben dienen.

Analoge Alternative

Die Schüler können selbstverständlich auch Papierfotos von ihren Zimmern mitbringen. Dies ist jedoch aufwendiger und braucht etwas längeren Vorlauf. Der Vorteil wäre, dass die Fotos der Kinderzimmer im Klassenzimmer ausgehängt werden könnten und so die Erinnerung an die Unterrichtsstunde immer wieder aufgefrischt werden könnte.

Materialhinweise

- Inspirationsbilder zu Jugendzimmern:
  https://freshome.com/teen-bedroom-ideas/ `1`

`1`

4.4 Mit Online-Stadtplänen Orientierung und Wegbeschreibungen trainieren

Klasse 6–7

 45 Minuten

 Anwendung

 Alltagssituationen meistern, Wegbeschreibungen abgeben und dabei einfache Umschreibungen anwenden

Beschreibung

Das Szenario kennt man eigentlich fast nur noch aus dem Fremdsprachenunterricht: Ein Tourist geht auf einen ortskundigen Einheimischen zu und fragt nach dem Weg zu einer Sehenswürdigkeit. Der Einheimische beschreibt kompetent, aber wortgewaltig und detailliert den kürzest möglichen Fußweg zur Sehenswürdigkeit, der Tourist bedankt sich und findet dann ohne Umwege sein Ziel. In der digitalisierten Realität wird der Tourist wohl eher einen Online-Stadtplan auf seinem Smartphone in der Hand halten und sich vom Gerät leiten lassen. Umso schlimmer, wenn das Gerät einmal nicht funktioniert. Genau so eine Situation soll im Unterricht simuliert und geübt werden.

Benötigte Materialien und technische Voraussetzungen

- Computer und Beamer oder ein ⇨ interaktives Whiteboard mit Internetzugang
- Smartphones oder Tablets mit Internetzugang pro Kleingruppe
- Google®-Konto für die Verwendung von Google® My Maps. Der Lehrer kann ein Konto für alle Schüler erstellen, das diese dann gemeinsam nutzen.

Ablauf und Methode an einem konkreten Beispiel

- Setting: Einüben gängiger Phrasen zur Wegbeschreibung
- Vorbereitung: Der Lehrer öffnet die Software Google® Earth auf seinem Computer und überprüft, ob für die gewünschte englische Stadt (z. B. Brighton, UK) ein 3D-Plan zur Verfügung steht.
- Zum Einstieg zeigt der Lehrer, wie die Stadt von oben aussieht, indem er immer weiter in die Karte hineinzoomt, und bittet die Schüler, die geografischen Besonderheiten zu beschreiben. Die Fragen können an der Tafel schriftlich fixiert werden, damit es den Schülern leichter fällt, sich frei zu äußern. Methodisch eignet sich dazu die Think-Pair-Share-Methode.

Describe the city's surroundings:
- *Can you see rivers, lakes or the sea?*
- *Is the city in a valley or on hills?*
- *How can you get to the city? Do you see any bigger roads, railways, a station or an airport?*
- *How many people live in the city? Have a guess.*

Um die Fragen beantworten zu können, sollte der Lehrer in die Karte hineinzoomen, damit sich die Schüler ein genaueres Bild machen können.
- Im nächsten Schritt arbeiten die Schüler in Kleingruppen und sollen sich darüber Gedanken machen, welche Standorte für unterschiedliche Einrichtungen und Gebäude geeignet wären. Sie arbeiten dazu mit Google® Earth an je einem digitalen Endgerät und suchen für die folgenden Gebäude einen passenden Platz.

Find a good place for:
- *a museum*
- *an ice cream parlour*
- *a primary school*
- *a secondary school*
- *a clothes shop*
- *a tourist information*

Write down the address and why it's the perfect spot for your building.

- Im Anschluss daran können die erarbeiteten Standorte mit der Realität verglichen werden: Wo in der Stadt sind nun wirklich Cafés und Geschäfte?
- Da die Schüler die Stadt nun etwas näher kennengelernt haben, teilen sich die Kleingruppen bestehend aus maximal vier Schülern in Touristen und Einheimische auf. Die Touristen erfragen ausgehend vom Bahnhof der Stadt den Weg zu einem bestimmten Ort bzw. einer Sehenswürdigkeit und die Einheimischen beschreiben den Weg. Die Schüler sollten dazu angehalten werden, sich kurze Notizen anzufertigen, da sie ihren Dialog auch präsentieren müssen.
- Die so entstandenen Dialoge werden nun mit verteilten Rollen vorgetragen, wobei ein weiterer Schüler den beschriebenen Weg mit einem Zeigegerät (Mauszeiger oder Laserpointer) auf der Google®Earth-Karte nachfährt.
- Zum Abschluss der Stunde werden die Ergebnisse der Schüler zusammengefasst: Auf der Webseite Google® My Maps können selbst Landkarten erstellt und bearbeitet werden. Der Lehrer kann hier schon vorarbeiten, einen passenden Ausschnitt auswählen und den Schülern zur Verfügung stellen. Dazu wählt er wie im Beispiel (siehe „Materialhinweise") einen Ausschnitt, z. B. von Brighton, aus der Google® Maps-Ansicht aus und benennt die Karte entsprechend. Die weitere Arbeitsweise ist recht simpel:
    - Zunächst wird mithilfe des Handwerkzeugs ein passender Ausschnitt der Karte gewählt und als Ebene hinzugefügt und benannt.
    - Daraufhin können mit dem Markierungswerkzeug Punkte oder Sehenswürdigkeiten, z. B. der Brighton Beach und der Brighton Palace Pier, markiert und entsprechend beschriftet werden.
    - Zuletzt kann die Fahrrad-, Fußgänger- oder Autoroute zwischen zwei oder mehreren Punkten per Doppelklick hinzugefügt werden. Die Markierung kann anschließend beschriftet werden.

Mögliche Fallstricke und Tipps

- Um Google® Maps verwenden zu können, muss man sich zuvor ein Google®-Konto anlegen. Für schulische Angelegenheiten ist es empfehlenswert, ein eigenes Google®-Konto unter einer eigenen schulischen E-Mail-Adresse anzulegen. Sollte an der eigenen Schule ein Nutzungsvertrag mit Microsoft® geschlossen worden sein – häufig bekannt als Office 365® – so kann die Anmeldung auch mit dem entsprechenden Microsoft®-Lehrerkonto erfolgen.

Analoge Alternative

Mit einem Klassensatz an Stadtplänen ausgestattet, lässt sich eine ganz ähnliche Unterrichtseinheit auch analog planen. Lediglich der letzte Schritt – das Gestalten einer eigenen digitalen Karte mit Sehenswürdigkeiten – müsste hierbei entfallen.

Beispiel und Infoseite

- Beispiel für eine Karte auf Google® My Maps:
  https://drive.google.com/open?id=1onZVhrv4JuE8dHw2bgMibiwdo8jqh0nH&usp=sharing
- Tutorial Google® My Maps:
  https://www.youtube.com/watch?v=nLZziIDUXbI

4.5 Aussprachetraining mithilfe eines Teleprompters durchführen

Klasse 8–10

 45 Minuten

 Erarbeitung

 Aussprache trainieren

Beschreibung

Der Teleprompter ist ein Werkzeug, das es möglich macht, Augenkontakt zum Publikum aufzubauen und zu halten. Der Sprechtext wird dabei durch eine spezielle Software oder einen Bediener weitergeschaltet oder heruntergescrollt. Der Sprecher selbst kann sich somit auf einen ausdrucksvollen Vortrag konzentrieren und muss sich nicht immer wieder neu im Text orientieren. Im Englischunterricht nimmt das freie Sprechen einen bedeutsamen Teil der Unterrichtszeit ein. Eine fortlaufende Korrektur und damit auch Verbesserung der Aussprache gestaltet sich jedoch eher schwierig. In mitteilungsbezogenen Phasen wird der Lehrer den Redefluss des Schülers nicht unterbrechen, um nicht versehentlich Sprechhemmungen aufzubauen, während in formbezogenen Phasen häufiger auf Fehler eingegangen wird, die das Verstehen des Gesprochenen erschweren. Das Vorlesen von Lehrwerkstexten mit verteilten Rollen erscheint in den unteren Jahrgangsstufen noch als adäquater Mittelweg: Die Schüler hören ein Sprachvorbild vom Lehrwerks-Audiodatenträger und bemühen sich, diesem nachzueifern. Bei älteren Schülern sinkt die Begeisterung für diese Form des Fremdsprachenunterrichts – die vorgestellte Methode der Arbeit mit einer Teleprompter-Software kann hier Abhilfe schaffen.

Benötigte Materialien und technische Voraussetzungen

- Computer mit Internetzugang
- Evtl: Tablet oder Smartphone zur Video- und Audioaufzeichnung

Ablauf und Methode an einem konkreten Beispiel

- Setting: Aussprachetraining am Beispiel der politischen Rede „I have a dream" von Martin Luther King.
- Vorbereitung: Der Lehrer lädt Ausschnitte der Rede „I have a dream" (siehe Materialhinweise) herunter und fügt diese auf der kostenlosen Teleprompter-Webseite (*http://www.freeteleprompter.org*) ein. Im Klassenzimmer wird ein Computer so hingestellt, dass der vortragende Schüler ihn gut einsehen kann und trotzdem die Mitschüler im Blick hat. Eventuell ist im Schulhaus ein Rednerpult verfügbar, das für diese Unterrichtseinheit ausgeliehen werden kann.
- Zum Einstieg wird den Schülern die ausgewählte Passage der Rede vorgespielt. Es ist wichtig, dass die Rede vom Lehrer auch kurz in den historischen Kontext eingebettet wird, denn ohne eine Einbettung wird nicht deutlich werden, welche Wirkung die Rede entfachen konnte.
- Im nächsten Schritt überlegen die Schüler anhand der folgenden Leitfrage, was einen guten Vortragenden ausmacht.

  What makes a great speaker?

- Es ist ratsam, die wichtigsten Ergebnisse des Unterrichtsgesprächs in einem knappen Tafelbild festzuhalten:
  - *Don't use filler words like „um", „so" and „like".*
  - *Keep eye contact with people in the audience.*
  - *Don't read the speech.*

- Stand up straight.
- Tell funny stories.
- Keep it simple.
- Use positive body language.
- Don't speak too fast.

- Nun dürfen die Schüler den gewählten Text zunächst ihrem Nachbarn vortragen. Etwas Schauspielerei darf dabei natürlich sein:

  Try to sound relaxed / nervous / excited / afraid.

- Sobald der Text ein paar Mal geübt wurde, dürfen freiwillige Schüler nun zum Rednerpult und sich im dramatischen Vortrag der Rede versuchen. Ein Schüler dient hierbei als Prompter, der darauf achtet, dass der Text nicht zu schnell vor den Augen des Redners verschwindet.
- Anhand der vorher erarbeiteten Kriterien geben die Schüler nun Feedback zum Sprechen vor der Klasse. Der Lehrer gibt ebenfalls Rückmeldungen, konzentriert sich jedoch auf die korrekte Aussprache, welche ja eigentliches Ziel der Unterrichtseinheit sein sollte.

Mögliche Fallstricke und Tipps

- Für diese Unterrichtskonzeption muss sich die Schülergruppe gut kennen. Sozial schlechter integrierte Schüler sollten nicht als erste vor der Klasse sprechen.
- Die Schüler sollten instruiert werden, ausschließlich positive Rückmeldungen zu geben.

Erweiterungen und Abwandlungen

- Um in ein professionelleres Redetraining einzusteigen, könnten die Vortragenden auch auf Video aufgenommen werden. Hierzu werden sich die Schüler in der Regel gern vorbereitend vornehm anziehen wollen, um sich souveräner zu fühlen.
- Die Arbeit an einer eigenen Rede könnte sich logisch anschließen. Vielleicht findet sich im Schuljahr ein passender Anlass, etwa die Begrüßung der Delegation einer Partnerschule, die Eröffnung einer Ausstellung oder die Moderation eines internationalen Abends.

Analoge Alternative

Analoge Prompts mit hochzuhaltenden Zetteln können genauso gut verwendet werden, sind jedoch fehleranfälliger – insbesondere der Prompter selbst hat hier eine anspruchsvollere Aufgabe.

Infoseiten

- Audioaufnahme und Transkript der Rede "I have a dream" von Martin Luther King, 1963:
  http://www.americanrhetoric.com/speeches/mlkihaveadream.htm [1]
- Hintergrund-Informationen „I have a dream":
  http://www.bpb.de/politik/hintergrund-aktuell/267010/i-have-a-dream [2]

[1]

[2]

4.6 London mit Google® Earth erkunden

Klasse 7–13

 45 Minuten

 Erarbeitung

 Sehenswürdigkeiten erkunden und mit eigenen Worten beschreiben

Beschreibung

Eine Klassenfahrt nach London, nur um mal schnell zu sehen, wie sich die Skyline im letzten Schuljahr verändert hat? Klingt nach einer guten Idee – ist aber in der Regel nicht realisierbar. Deutlich kostengünstiger lässt sich London online erkunden. Die Schüler sehen sich Architektur und Kultur auf einem virtuellen Stadtrundgang an und nutzen dabei das Kartenmaterial aus Google® Earth. Zudem arbeiten die Schüler an ihrer Sprechfertigkeit, indem sie die Sehenswürdigkeiten beschreiben.

Benötigte Materialien und technische Voraussetzungen

- Computer und Beamer oder ⇨ interaktives Whiteboard mit Internetzugang und Google®-Chrome-Browser
- Laptops, Smartphones oder Tablets mit der App Google® Earth pro Gruppe

Ablauf und Methode an einem konkreten Beispiel

- Setting: Kennenlernen der Sehenswürdigkeiten Londons im Rahmen der Landeskunde
- Vorbereitung: Der Lehrer sollte dafür sorgen, dass alle Endgeräte auf Englisch eingestellt werden. Am Computer lässt sich die Software voreinstellen (Tools / Optionen / Allgemein / Sprache). Die Schüler bearbeiten in Kleingruppen mithilfe von Google® Earth folgende Arbeitsaufträge zu London:

a) Find three tall skyscrapers. What are their names? Find out some information about them.

1. ____° ____' ____" N
   ____° ____' ____" W
2. ____° ____' ____" N
   ____° ____' ____" W
3. ____° ____' ____" N
   ____° ____' ____" W

b) Find three bridges. How old are they? Can you find a bridge only for pedestrians?

1. ____° ____' ____" N
   ____° ____' ____" W
2. ____° ____' ____" N
   ____° ____' ____" W
3. ____° ____' ____" N
   ____° ____' ____" W

c) Find three railway stations. Write down their names. Which one is the biggest?

1. ____° ____' ____" N
   ____° ____' ____" W
2. ____° ____' ____" N
   ____° ____' ____" W
3. ____° ____' ____" N
   ____° ____' ____" W

d) Find three churches and write down their names. How old are they?

1. ____° ____' ____" N
   ____° ____' ____" W
2. ____° ____' ____" N
   ____° ____' ____" W
3. ____° ____' ____" N
   ____° ____' ____" W

e) Find three cafes with a nice view. Can you find the menus? How much is a cafe latte?

1. ____° ____' ____" N
   ____° ____' ____" W
2. ____° ____' ____" N
   ____° ____' ____" W
3. ____° ____' ____" N
   ____° ____' ____" W

f) Find three nice monuments in parks. What are the monuments' names?

1. ____° ____' ____" N
   ____° ____' ____" W
2. ____° ____' ____" N
   ____° ____' ____" W
3. ____° ____' ____" N
   ____° ____' ____" W

Bei der Präsentation der Ergebnisse stellen die Schüler die Sehenswürdigkeiten selbst vor. Damit das gelingen kann, notieren sie die genauen Koordinaten in dieser Schreibweise: 51°30'50" N

0°05'59"W. Die Koordinaten können in Google® Earth in das Suchfeld eingegeben werden, um am Präsentationsrechner schnell zu den gewünschten Sehenswürdigkeiten zu gelangen. Bei der Beschreibung achten die Schüler auf eine lebendige Sprache, die ausschmückende Adjektive enthält. Je nach Lernfortschritt kann auch das Thema „Comparisons" wiederholt werden.
- Die Präsentation kann im Stamm- und Expertengruppen-Verfahren geschehen oder frontal am Lehrerrechner. Die Ergebnisse sollten fixiert werden. Hier könnte eine Gruppe als Protokollteam arbeiten, die – für alle sichtbar – am PC in einem Textverarbeitungsprogramm schreibt.

Mögliche Fallstricke und Tipps

- Die ⇨ StEx-Methode (auch: Gruppenpuzzle) funktioniert in der Regel erst nach ein oder zwei Probeläufen.
- Google® Earth benötigt eine zuverlässige Datenverbindung, insbesondere wenn mehrere Rechner gleichzeitig damit arbeiten. Dies sollte vor dem Unterricht getestet werden.
- Der zeitliche Rahmen für das Bearbeiten sollte zu jeder Zeit transparent sein. Die Gefahr ist groß, dass die Schüler sich ansonsten in Details verzetteln. Die Aufträge können bei jüngeren Schülern auch noch aufgeteilt werden. So würden die Schüler zunächst attraktive Kirchen, Brücken oder Bahnhöfe auswählen. Danach würden die Details dazu recherchiert – so wird sichergestellt, dass die Schüler nicht immer wieder von vorne anfangen.
- Beim Arbeiten mit Google® Earth werden die Schüler unbeaufsichtigte Momente nutzen, um sich gegenseitig ihre Fußballplätze, Grundschulen etc. zu zeigen. Ein gangbarer Weg besteht darin, dass die Schüler hierfür zehn Minuten eingeräumt bekommen.

Erweiterungen und Abwandlungen

- Google® Earth bietet Material für jede britische, australische und US-amerikanische Großstadt. Die verschiedenen Ebenen zeigen neben Sehenswürdigkeiten auch Geschäfte, Museen oder umweltpolitisch interessante Zonen.
- Auch in der Nachbereitung von Klassenfahrten lässt sich Google® Earth gut einsetzen.

Analoge Alternative

Mit einem Klassensatz an Stadtplänen oder Karten mit Sehenswürdigkeiten ausgestattet, lässt sich eine ganz ähnliche Unterrichtseinheit auch analog planen. Allerdings können die Schüler hier nicht mit Koordinaten arbeiten und benötigen zusätzliche Informationen in Form von Texten.

Materialhinweise

- Google® Earth Pro für PC und Mac:
  https://www.google.de/earth/download/gep/agree.html   [1]

5.1 Vokabelarchive mit Quizlet® aufbauen

Klasse 5–12

 unterrichtsbegleitend

 Erarbeitung

 Wortschatz lernen und trainieren

Beschreibung

Der traditionelle Weg zum Vokabellernen, nämlich handschriftlich geführte Vokabelkarteien und Vokabelhefte, ist für einige Schüler durchaus sinnvoll. Für viele Sprachenlerner sind jedoch andere Methoden besser geeignet. Hier soll aufgezeigt werden, wie das Arbeiten mit Online-Vokabelarchiven in den Unterricht integriert werden kann. Im Unterrichtsbeispiel wird die Software Quizlet® beschrieben. Vokabeltrainer-Softwares sind jedoch häufig ähnlich, sodass das Beschriebene ohne Weiteres auch auf andere Softwares übertragen werden kann. Quizlet® ist weltweit Marktführer im Bereich Vokabeltrainingssoftwares und macht das schnelle, kurze Üben unterwegs möglich. So können Schüler auch kurze Wartezeiten, etwa an der Bushaltestelle, zum Lernen nutzen.

Benötigte Materialien und technische Voraussetzungen

- Computer und Beamer oder ein ⇨ interaktives Whiteboard
- Smartphone oder Tablet mit vorinstallierter Quizlet®-App pro Schüler
- Kopfhörer oder Lautsprecher pro Schüler für die Funktion „Schreiben"
- Evtl. kostenpflichtes Abonnement Quizlet® für Lehrer bzw. Quizlet® Live

Ablauf und Methode an einem konkreten Beispiel

- Setting: fortlaufendes Vokabeltraining
- Vorbereitung:
  - Der Lehrer registriert sich auf Quizlet® (*www.quizlet.com*). Die Registrierung ist obligatorisch, damit Lernsets erstellt werden können.
  - Es empfiehlt sich, unter „Lernset erstellen" ein erstes Lernset mit ca. 20 Begriffen zu erstellen oder das Set „16 Englisch-Vokabeln für den Einstieg" (siehe Materialhinweise) zu verwenden.
  - Die Lernsets können den Schülern einfach als Link weitergegeben werden.
- In einer Einführungsstunde werden die Schüler mit den verschiedenen Möglichkeiten der Software vertraut gemacht (Karteikarten erstellen, Vokabeln lernen, Rechtschreibung prüfen, mit Spielen lernen u. v. m.). Wenn die Schüler selbst eigene Nutzerkonten bei Quizlet® anlegen, so hat das den Vorteil, dass ihr individueller Lernfortschritt gespeichert wird. Die Software kann also dazulernen und ihnen jedes Mal die Vokabeln zeigen, die sie beim letzten Versuch noch nicht beherrscht haben.
- In der Einführungsstunde wird das Auffinden der richtigen Wortschatzsammlung geübt.
- Die erste Funktion, die den Schülern gezeigt werden sollte, ist die Funktion „Lernen" innerhalb eines Lernsets.
- Wenn im Computerraum Kopfhörer oder Lautsprecher zur Verfügung stehen, kann die Funktion „Schreiben" genutzt werden: Hierbei werden den Schülern die neuen Vokabeln diktiert.
- Abonnenten von Quizlet® Lehrer können zusätzlich die Quizlet® Live-Funktion (*https://quizlet.com/live*) nutzen. Dazu wählt der Lehrer ein Lernset, den Live-Button und die Funktion "Spiel erstellen" aus. Die Schüler rufen mit ihren Endgeräten die Quizlet® Live-Seite auf und erhalten den Code für den Zutritt zum Spiel. Nun wählt der Lehrer „Spiel erstellen" und Quizlet® teilt alle Schüler verschiedenen Teams zu. Dann wird die Option „Spiel beginnen" gewählt. Jedem Schüler wird dieselbe Definition aus dem Lernset angezeigt. Jedes Teammitglied sieht andere Antwortmöglichkeiten und alle müssen zusammenarbeiten, um herauszufinden, wer von ihnen die richtige Antwort hat. Auf dem

Bildschirm des Lehrers wird eine Rangfolge der Teams in Echtzeit angezeigt. Das Team, das zuerst alle Begriffe und Definitionen hintereinander richtig zuordnet, gewinnt das Spiel.
- Zum Ausklang der Stunde probieren die Schüler noch die beiden Spiele-Funktionen „Zuordnen" und „Schwerkraft" aus. Beide Funktionen bieten einen spielerischen Zugang zum Vokabellernen.

Mögliche Fallstricke und Tipps

- Wenn man mit einer Klasse zum ersten Mal mit Quizlet® arbeitet, ist es sinnvoll, dass jeder Schüler ein Smartphone oder Tablet zur Hand hat. Ein Computerraum ist auch ausreichend.
- Für viele Englisch-Textbücher stehen bereits Vokabeln in Quizlet®, sodass sich hier viel Zeit einsparen lässt. Im Feld „Suchen" einfach den Titel des Lehrwerks und die Nummer der Unit eingeben. Manche Lernsets sind allerdings fehlerhaft oder unlogisch, weshalb man sie vor der Nutzung im Klassenzimmer ausprobieren sollte.
- Um die Quizlet® Live-Funktion nutzen zu können, benötigt man ein kostenpflichtiges Lehrer-Konto. Wenn man die Spiele ausprobieren möchte, kann man das Abonnement kostenlos testen.
- Tipps zur Bereitstellung der Links:
  - Die Links können aus der Adresszeile des Browsers kopiert und in eine ⇨ Lernplattform übernommen werden.
  - Die Links können alternativ auch als ⇨ QR-Codes® auf Arbeitsblättern weitergegeben werden; Webseiten wie z. B. *www.the-qr-code-generator.de* können hierbei genutzt werden.
  - Wenn die Schüler sich bei Quizlet® registriert haben, kann der Lehrer auf Quizlet® einen Kurs erstellen, in den sich die Schüler eintragen. So bekommen die Schüler die neuesten Vokabeln, ohne dass immer wieder neue Links weitergegeben werden.

Erweiterungen und Abwandlungen

- Auch Schüler selbst können Lernsets erstellen. So können ältere Schüler auch jüngeren Mitschülern helfen, indem sie Vokabeln zum Beispiel thematisch sortieren.
- Alternativen zu Quizlet® wären z. B. Duolingo oder die Gratis-Software Anki.

Analoge Alternative

Lern- und Arbeitstechniken, wie die Vokabelkartei oder Lernpatience, können im Unterricht natürlich auch analog eingeführt werden. Auch unterschiedliche Quiz lassen sich mit einfachen Mitteln umsetzen.

Materialhinweise

- 16 Englisch-Vokabeln für den Einstieg:
  https://quizlet.com/_52bfew [1]
- Webseite zur Vokabel-Lernsoftware Anki:
  https://apps.ankiweb.net/ [2]

5.2 Lückentexte mit LearningApps erstellen

Klasse 5–10

 10 Minuten

 Anwendung

 selbsttätig und differenziert Strukturen der Fremdsprache einüben

Beschreibung

Einer der größten Vorteile des Einsatzes digitaler Medien im Englischunterricht ist die Möglichkeit, Schüler individuell, d. h. im eigenen Tempo und mit eigenen Problemstellungen, arbeiten zu lassen. Natürlich funktioniert dies auch mit analogem Arbeitsmaterial, allerdings mit höherem Aufwand insbesondere bei der Sichtung und Verbesserung der Schüleraufgaben. Neben der Möglichkeit, Übungsphasen im Unterricht anzubieten, kann der Lehrer mit der passenden Software auch Übungen für die häusliche Vor- und Nachbereitung zusammenstellen, z. B. mit der hier genutzten Webplattform LearningApps (*https://learningapps.org*). Mit LearningApps können Lehrer und Schüler interaktive und multimediale Lernmodule, sogenannte Apps, auf einfache Weise erstellen und bearbeiten. Hierfür werden eine Reihe von Vorlagen angeboten (z. B. Varianten von Zuordnungs- und Ordnungsaufgaben, Videos mit Einblendungen), die mit eigenen Inhalten gefüllt werden können.

Benötigte Materialien und technische Voraussetzungen

- Computer, Tablets oder Smartphones mit Internetzugang und aktuellem Webbrowser pro Schüler
- Wenn etwa im Zuge einer Lerntheke oder einer Unterrichtssequenz im Format des Stationenlernens die Arbeit mit angeboten wird, kann bereits mit einem oder zwei Geräten im Klassenraum gut gearbeitet werden.

Ablauf und Methode an einem konkreten Beispiel

- Setting: Wortschatzarbeit mit interaktiven Übungen, hier: Lückentext
- Vorbereitung:
  - Der Lehrer meldet sich auf der Webseite LearningApps (*http://learningapps.org*) an. Eine Anmeldung ist kostenlos und empfehlenswert, da so selbst erstellte Übungen einfach gespeichert und freigegeben werden können.
  - Mit Klick auf „App erstellen" gelangt der Lehrer zu einem Auswahlbildschirm. Zunächst soll ein einfacher Lückentext erstellt werden. Nach einem Klick auf das entsprechende Symbol werden Beispiele gezeigt. Nun drückt man die Schaltfläche „Neue App erstellen", um zum passenden Bildschirm zu gelangen. Damit möglichst viele Bedienelemente auf Englisch dargestellt werden, wählt man oben rechts die britische Flagge aus. Als Titel wird „Hello" eingegeben – in der Übung soll ein recht einfacher Dialog für den Anfangsunterricht vervollständigt werden.
  - Das Feld „Aufgabenstellung" kann zunächst leer bleiben, da Lückentexte den Schülern in der Regel vertraut sind. Bei der Aufgabenart wird „Einschreiben" gewählt, da so von den Schülern verlangt wird, die einzusetzenden Wörter auch richtig schreiben zu können. Bei „Groß- und Kleinschreibung beachten" wird kein Häkchen gesetzt, weil dies im gewählten Lernsetting nicht übermäßig wichtig erscheint.
  - Als „Überschrift 1" wird „At school" gewählt. Der Text wird wie folgt eingegeben:

Olivia:	Hello.
Emily:	–1–. My –2– is Emily. What's –3– –4–?
Olivia:	I'm Olivia.
Emily:	Nice –5– meet –6–.

Die Zahlen zwischen den Bindestrichen sind Platzhalter. Unterhalb des Feldes für den Lückentext werden die Lösungen eingegeben. Als Feedback wird eine möglichst einfache Formulierung gewählt, z. B. „Well done!"
  - Mit Klick auf „App speichern" wird die App im Benutzerkonto des Lehrers gespeichert. Dort kann sie immer wieder geöffnet und überarbeitet werden.
- Im Unterricht erfolgt die Weitergabe an die Schüler über einen unten angegebenen Weblink, über einen bereitgestellten QR-Code®, als SCORM-Paket oder über Apple® iBooks.

Mögliche Fallstricke und Tipps

- Eine kindgemäßere und motivierendere Gestaltung erreicht man durch das Auswählen von passenden Bildern für den Texthintergrund. Die Bilder sollten dabei nicht zu dunkel sein, um das Lesen nicht unnötig zu erschweren.
- Für viele Englisch-Textbücher und Themengebiete gibt es bereits Lückentexte und andere Aufgabentypen bei LearningApps, sodass sich hier viel Zeit einsparen lässt. Diese Apps lassen sich entweder in „Meine Apps" merken oder modifizieren, indem man über das Feld „Ähnliche App erstellen" geht. Manche Lernsets enthalten allerdings Fehler oder sind unlogisch aufgebaut, weshalb man alle fertigen Lernsets vor der Nutzung im Klassenzimmer ausprobieren sollte.
- Alternative Angebote zur Erstellung von interaktiven Online-Übungen sind u.a. Quizlet® (*https://quizlet.com/de*) oder Learning Snacks (*https://www.learningsnacks.de*).

Erweiterungen und Abwandlungen

Die Einsatzmöglichkeiten von LearningApps im Unterricht sind vielfältig. Die Aufgaben können mittels Computer und Beamer oder ⇨ interaktivem Whiteboard mit der ganzen Klasse verwendet werden oder die Schüler arbeiten alleine mit ihren digitalen Endgeräten oder als Hausaufgabe.
- Neben Lückentexten lassen sich auch zahlreiche weitere Aufgabenformate erstellen: So gibt es auch Multiple Choice Quiz, Bildzuordnungen, Kreuzworträtsel, Zuordnung von Paaren, Hangman, das Millionenspiel u. v. m.
- Zusätzlich finden sich auf der Seite auch einige nützliche Funktionen, mit denen man Abstimmungen, Kalender etc. erstellen kann.

Analoge Alternative

Die Idee lässt sich natürlich auch analog umsetzen: Die Schüler erstellen ein Quiz, ein einfaches Karten- oder Brettspiel aus Papier oder auf Folie (für den Overheadprojektor). Einfach und relativ schnell umsetzbar ist u. a. das Fragenmodell der TV-Sendung „Wer wird Millionär?". Es gibt auch einfach zu bedienende Generatoren, mit deren Hilfe Arbeitsblätter mit verschiedenen Aufgaben- und Übungsformaten erstellt werden können, z. B. bei Tutory® (*https://www.tutory.de*).

Beispiel

- Beispiel-Lückentext:
  https://learningapps.org/display?v=p14u69xc518 **1**

1

5.3 Eine Fotosafari auf dem Schulgelände durchführen

Klasse 5

 45 Minuten

 Sicherung

 Wortschatz zum Wortfeld „Schule" trainieren

Beschreibung

Der Unterricht sollte so aussehen: Aufgeregt miteinander tuschelnde Schüler laufen vergnügt durch das Schulhaus und bleiben hin und wieder scheinbar unvermittelt stehen, zeigen auf einen willkürlich ausgewählt wirkenden Gegenstand und fotografieren diesen mit ihren Smartphones. Anschließend machen sie ein Häkchen auf einen Zettel, starren den Zettel an und gehen dann zielstrebig irgendwo anders hin. Damit dieses Szenario für den Englischunterricht ergiebig wird – und für den nicht involvierten Rest der Schulgemeinschaft möglichst wenig disruptiv – braucht es etwas Vorbereitung durch den Lehrer.

Benötigte Materialien und technische Voraussetzungen

- Smartphones pro Gruppe
- Dokumentenkamera oder Tablet / Smartphone mit Beamer
- Drucker

Ablauf und Methode an einem konkreten Beispiel

- Setting: Im Rahmen der ersten Unterrichtswochen an der neuen, weiterführenden Schule erkunden die Schüler das Schulhaus und dokumentieren ihren Gang mit ihren Smartphones.
- Zum Einstieg in die Unterrichtsstunde finden sich die Schüler in Gruppen zusammen und erhalten einen Rundlaufzettel zur Fotosafari, der sie durch das Schulhaus führt. An jeder Station wird ein Foto geschossen. Damit die Schüler sich nicht in die Quere kommen, sollten die Rundlaufzettel von Gruppe zu Gruppe variiert werden:

> *Photo Safari*
>
> 1. school door
> 2. lockers
> 3. cafeteria
> 4. restrooms
> 5. staff room
> 6. office
> 7. principal's office
> 8. a funny painting
> 9. a nice sculpture
> 10. an interesting photo
> 11. music room

Die Bearbeitungszeit sollte 25 Minuten nicht überschreiten. Zwei Minuten pro Station werden in der Regel ausreichen.
- Im Anschluss an die Fotosafari geht es dann um die Präsentation der Ergebnisse. Die Schüler treffen sich dazu wieder im Klassenzimmer, zeigen gruppenweise ihre Bilder und stimmen ab, welche

Bilder die gelungensten sind. Zum Präsentieren können die Schüler ihre Smartphones unter die Dokumentenkamera legen. Wichtig ist hierbei, dass der Lehrer die Schreibung und Aussprache der Wörter im Blick behält und ggf. korrigiert.
- Die besten Fotos werden ausgedruckt, beschriftet und im Klassenzimmer ausgehängt.

Mögliche Fallstricke und Tipps

- Je nach Zusammenstellung und Dynamik der Klasse sollten vorab gemeinsam einige Grundregeln festgelegt und beachtet werden. Gerne können die Regeln gemeinsam festgehalten werden.
    - *Take photos of things – not people.*
    - *Walk slowly.*
    - *Talk softly.*
    - *Be back on time.*
- Zudem sollten die Schüler sich vorab innerhalb der Gruppen überlegen, wer im Team welche Rolle übernimmt. Ein Schüler achtet auf die Zeit (zwei Minuten pro Station), ein weiterer Schüler übernimmt das Fotografieren und ein anderer behält den Überblick und schaut, welche Station die Gruppe als nächste anlaufen soll.

Erweiterungen und Abwandlungen

- Die oben angegebenen Rundlaufzettel müssen vom Lehrer natürlich an die örtlichen Gegebenheiten angepasst werden – und auch an das Wetter, falls Außenaufnahmen geplant sind.
- Im gleichen Stil sind auch Hausaufgaben möglich, bei denen die Schüler etwa von ihren Hobbys, ihren Wochenendaktivitäten oder ihren Haustieren berichten.
- Eine alternative Variante für die Sicherung der Fotos ist eine digitale Ergebnis-Sammlung. Die Schüler schicken ihre Ergebnisse dazu an ihren Lehrer, der diese dann digital zugänglich macht. Verschiedene Möglichkeiten bieten sich an:
    - Bei Apple®-Endgeräten hat sich die Verwendung von AirDrop® (*https://support.apple.com/de-de/HT204144*) als besonders einfache Möglichkeit etabliert. AirDrop® ermöglicht schnellen Datenaustausch von Fotos, Videos etc. zwischen iOS®-Geräten.
    - Bei unterschiedlichen Endgeräten kann der Upload auf eine (Schul-)Cloud-Plattform erfolgen.
    - Die Fotografien werden nun digital zugänglich gemacht (über die Schul-Cloud oder einen Online-Bilderdienst wie z. B. Google®Photos oder Imgur), wobei je nach Ausdrucksfähigkeit der Schüler eventuell auch Kommentare der Schüler zu den einzelnen Bildern denkbar wären.

Materialhinweise und Beispiel

- Google® Photos Beispiel:
  https://photos.app.goo.gl/i4ArC2LGAHeXcA3s8   [1]
- Bilderdienst Imgur:
  https://imgur.com/   [2]

1

2

5.4 Interaktive Übungen mit H5P erstellen

Klasse 5–11

 unterrichtsbegleitend

 Übung, zur Differenzierung

 Wortschatz lernen und trainieren

Beschreibung

H5P ist eine kostenfreie Software, mit der Lehrer rasch interaktive Inhalte für ihre Schüler erstellen, teilen und nutzen können. Beispiele sind Lückentexte, Drag and Drop, interaktive Videos u. v. m. Alle Inhaltstypen sind miteinander kombinierbar, sodass vielfältige Lerninhalte entstehen können. Der große Vorteil von interaktiven Übungen im Fremdsprachenunterricht ist, dass sich Inhalte, hier Vokabeln, anschaulich darstellen lassen. Die Schüler üben so selbstgesteuert und auf ihre individuellen Bedürfnisse angepasst. Unmittelbare Rückmeldungen ermöglichen es, bewusster und zielgenauer zu üben.

Benötigte Materialien und technische Voraussetzungen

- Für den Lehrer: Computer mit Internetzugang und aktuellem Browser
- Für die Schüler: Computer oder Tablets oder PCs pro Schüler

Ablauf und Methode an einem konkreten Beispiel

- Setting: Wiederholung des Vokabulars zum Thema „Körper, Kleidung und Befinden"
- Vorbereitung: Zunächst registriert sich der Lehrer auf der Website von H5P (*http://H5P.org*).
- Mit Klick auf „My account" gelangt man zur Schaltfläche „Create New Content", wo nun eigene Aufgabentypen erstellt werden können.
- Die Vorgehensweise bei der Aufgabenerstellung ist im Wesentlichen immer gleich: Man wählt einen Aufgabentyp aus, entscheidet sich für einen passenden Titel, erstellt die Aufgabe und speichert sie ab.
- Am Beispiel eines Lückentexts sehen die Arbeitsschritte so aus:
  - Bei Title wird „My teddy bear" eingegeben.
  - Bei „Task description" wird der Arbeitsauftrag eingefüllt.
  - Im Bereich "Text blocks" wird der Lückentext eingegeben, wobei die richtigen Lösungen mit Sternchen markiert werden. Alternative Antworten werden mittels eines „Schrägstriches" (/) abgetrennt.

    This is my teddy bear. His name is „Tom". Tom has a nice face with two black *eyes*, a small brown *nose* and a smiling *mouth*. His *mouth* isn't open, so you can't see his *teeth*.

  - Damit das Ganze noch etwas ansprechender aussieht, wird noch ein Bild eingefügt: Mit Klick auf „Media" kann ein Bild ausgewählt und hochgeladen werden.
  - Der fertige Lückentext wird getestet und kann dann z. B. den Schülern auf einer ⇨ Lernplattform zur Verfügung gestellt werden.
  - Zusätzlich können noch eine Punkteskala mit entsprechendem Feedback definiert und Einstellungen zur Fehlertoleranz, Wiederholung der Aufgabe, Lösungen etc. vorgenommen werden.
- Auch medial anspruchsvollere Aufgaben kann man leicht mit H5P realisieren, zum Beispiel interaktive Videos:
  - Bei Title wird „School Supply Haul" eingegeben.

- Bei „Upload/embed a video" wird auf das Pluszeichen geklickt und anschließend der Link des YouTube®-Videos eingegeben. Dieser kann aus der Adresszeile des Browsers übernommen werden.
- Nach Klicken auf „Step 2 – Add interactions" können interaktive Elemente hinzugefügt werden. Hierzu wird im Video auf das dreieckige Play-Symbol geklickt. An der passenden Stelle wird das Video mit der Pause-Taste links unten angehalten. Viele verschiedene Aufgabentypen können nun eingefügt werden:

Text	Table	Link
Hier wird ein Text für einen bestimmten Zeitraum eingeblendet. Beispielsweise können so Begrüßungsnachrichten angezeigt werden oder für Videos, die im Plenum gezeigt werden sollen, Diskussionsanlässe gegeben werden.	Eine Tabelle wird eingefügt; so sind kompliziertere Textformatierungen möglich	Mit weiterführenden Links können Hintergrundinformationen angeboten werden.
Picture(s)	Statements	Single Choice Set
Mit visuellen Impulsen hinterlegt können weitere Diskussionspunkte angesprochen werden.	Drei Aussagen können angegeben werden, die erste ist die richtige.	Hier wird zu mehreren Alternativen, von denen wiederum die erste richtig ist, eine Frage gestellt. Mehrere Fragen können aufeinander folgen.
Multiple Choice	True/False-Question	Fill in the Blanks
Bei Multiple-Choice-Aufgaben kann bei falschen Antworten ein individuelles Feedback gegeben werden.	Richtig- oder Falsch-Aufgabe.	Im Lückentext werden die korrekten Antworten in *…* gesetzt, wie schon oben erläutert.
Mark the Words	Drag Text	Crossroads
Zu markierende Wörter werden in *…* gesetzt.	Eine Lückentext-Aufgabe mit hineinschiebbaren Wörtern. Die Lücken werden wiederum mit *…* markiert.	Hier können Sprungmarken gesetzt werden, etwa um Teile des Videos nochmals zu hören, oder um direkt zum Ende zu springen.

Bei den Aufgaben hat man beim Erstellen jeweils die Wahl, ob das Video angehalten werden soll, oder ob es weiterlaufen darf. Dazu darf man noch auswählen, ob die Aufgaben direkt im Bild erscheinen sollen (Poster), oder ob zunächst nur eine Schaltfläche angezeigt werden soll (Button). Wenn die Aufgabe fertiggestellt ist, wird sie mit Klicken auf „save" gespeichert. Die Aufgabe kann nun heruntergeladen und in eine Lernplattform integriert werden oder mit Klick auf „Embed" in Wordpress-Installationen eingebunden werden. Mit Klick auf „View" öffnet sich die Video-Aufgabe. Auch die Internet-Adresse kann an die Schüler weitergegeben werden.

Mögliche Fallstricke und Tipps

- Zur Differenzierung oder als Hausaufgabe sind die meisten H5P-Formate eher geeignet als für den Unterricht im Plenum oder in Gruppen, da sonst der Hauptvorteil aufgegeben werden muss: Die Möglichkeit, im eigenen Tempo vorzugehen.

- Bei Videos sollten die Aufgaben und Texte im Zweifel immer etwas länger eingeblendet werden.
- Wenn viele Schüler gleichzeitig an unterschiedlichen Videoaufgaben arbeiten sollen, ist eine gute Internetanbindung der Schule vonnöten.

Erweiterungen und Abwandlungen

H5P wird fortlaufend um neue Aufgabentypen erweitert; sämtliche Editoren für Aufgaben funktionieren aber nach einem ähnlichen Prinzip.

Materialhinweise, Beispiele und Infoseiten

- Beispiellückentext mit H5P:
  https://H5P.org/node/288316
- Beispiel für ein interaktives Video mit H5P:
  https://H5P.org/node/304848
- Einführung in H5P in Moodle-Kursen am Beispiel der bayerischen Lernplattform Mebis:
  https://www.youtube.com/watch?v=9K-C02GExc8
- Weitere Anleitungen zu fortgeschrittenen Techniken in H5P:
  https://www.lernkiste.org/tag/H5P/

5.5 Mit Word Clouds Vokabeln vorentlasten

Klasse 5–9

 45 Minuten

 Anwendung

 aktiven und passiven Wortschatz aufbauen und erweitern

Beschreibung

Word Clouds sind – wie der Name schon sagt – Wolken aus Wörtern. Auf Internetseiten wie WorditOut (*http://worditout.com*), Wordle (*http://www.wordle.net*) oder Wortwolken (*http://www.wortwolken.com*) können aus beliebigen Texten Word Clouds erzeugt werden. Allen vorgeschlagenen Webseiten gemeinsam ist die Vorgehensweise: Ein Text wird auf der Webseite eingefügt, einige Parameter können ausgewählt werden (Schriftart, Schriftgröße und Farbe) und schon erscheint eine ansprechende Darstellung der Wörter des Textes. Bei der Darstellung werden Wörter, die in einem Text oft vorkommen, besonders groß und auffällig gezeigt, sodass sie sofort ins Auge fallen. Die häufigsten Wörter bekannter Sprachen werden dabei automatisch gefiltert; die Erkenntnis, dass „the" und „a/an" besonders zahlreich in einem Text vorkommen, hätte auch wirklich nicht viel Wert. Mit der entstandenen Wolke lässt sich auf vielfältige Weise arbeiten.

Benötigte Materialien und technische Voraussetzungen

- Computer oder Tablet pro Gruppe
- Computer, Beamer oder ein ⇨ interaktives Whiteboard mit Internetzugang und eine ausgewählte Webseite zur Erstellung von Word Clouds (z. B. *http://worditout.com*)
- Ggf. (Online-)Wörterbücher, z. B. Dict (*https://www.dict.cc/*), um die wörtliche Bedeutung eines fremdsprachlichen Begriffs nachschlagen zu können

Ablauf und Methode an einem konkreten Beispiel

- Setting: Einstieg in das Thema „US Government"; in einer ersten Stunde soll das Vokabular erarbeitet werden, um in den darauffolgenden Unterrichtseinheiten tiefer in die Thematik einzusteigen.
- Vorbereitung: Der Lehrer wählt Texte (siehe „Materialhinweise") aus, die exemplarisch für Strömungen in der aktuellen US-Politik stehen.
- Zum Einstieg erhalten die Schüler die vorbereiteten Texte als Links. In ⇨ Gruppenarbeit erstellen die Schüler dann aus den Texten mithilfe der Schlagwortgeneratoren selbstständig Word Clouds, die attraktiv aussehen, und schlagen die besonders fett gedruckten Wörter in Online- oder Papierwörterbüchern nach. Die Vokabeln werden von den Schülern notiert und die Word Clouds werden als Screenshot gespeichert oder ein durch die Webseite selbst erzeugter Link wird weitergegeben.
- Die Schüler präsentieren nun die Word Clouds und die nachgeschlagenen Wörter werden kurz gezeigt. Im Anschluss werden Vermutungen darüber angestellt, welche Themen die Texte behandeln könnten.
- Anschließend werden die Texte gelesen; durch die bereits erfolgte Vorentlastung sollten wenige Probleme entstehen – die Vermutungen der Schüler werden nach der Lektüre falsifiziert oder entsprechend im Text belegt.

Mögliche Fallstricke und Tipps

- Die gewählten Texte sollten nicht zu lang sein – immerhin werden bei der vorgeschlagenen Vorgehensweise vier bis fünf unterschiedliche Texte zu politischen Themen im Unterricht behandelt.

- Quellen für aktuelle politische Texte sind insbesondere die Webseiten der größten US-Zeitungen und Nachrichtensender.

Erweiterungen und Abwandlungen

Mehrere Gruppen können am selben Text arbeiten – eine Gruppe ergänzt dann lediglich bei der Präsentation fehlende Aspekte. So sind auch längere Quelltexte möglich.

Analoge Alternative

Der Lehrer kann die Wortwolken auch selbst vorbereiten, auf Papier mitbringen und die Schüler komplett analog arbeiten lassen.

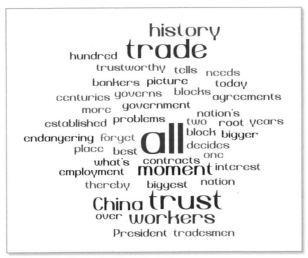

Beispiel einer Word Cloud

Materialhinweise

- Nachrichten aus den USA für die Textauswahl:
  - CNN:
    https://edition.cnn.com/
  - NY Times:
    https://www.nytimes.com/
  - FoxNews:
    http://www.foxnews.com/
  - Tutorial zu WorditOut:
    https://www.youtube.com/watch?v=3aATegZsmzw

| 1 |
| 2 |
| 3 |
| 4 |

1

2

3

4

5.6 Präsentationen über London mit Adobe® Spark Page erstellen

Klasse 5–11

 45 Minuten

 Erarbeitung

 Informationen übersichtlich und ansprechend aufbereiten, Inhalte in der Fremdsprache vortragen und präsentieren

Beschreibung

Mit Adobe® Spark Page (*https://spark.adobe.com/*) können auch ungeübte Schüler rasch attraktive Präsentationen zusammenstellen. Am Beispiel einer Unterrichtsstunde zur Wiederholung der landeskundlichen und touristischen Inhalte zum Thema „London" soll die entsprechende Vorgehensweise geschildert werden.

Benötigte Materialien und technische Voraussetzungen

- Computer oder Tablets mit Internetzugang pro Gruppe
- Computer und Beamer oder ⇨ interaktives Whiteboard zur Präsentation der Ergebnisse
- Für die Schüler werden auf Adobe® Spark (*http://spark.adobe.com*) Benutzerkonten eingerichtet. An Schulen, an denen im Rahmen des Kunst- oder Informatikunterrichts mit Adobe®-Produkten gearbeitet wird, übernimmt dies der Systembetreuer

Ablauf und Methode an einem konkreten Beispiel

- Setting: Aufbereiten von Informationen zum Landeskundethema „London"
- Vorbereitung: Die Schüler benötigen eine Adobe®-ID, d.h., sie müssen sich mit ihrer E-Mail-Adresse bei Adobe® registrieren.
- Zum Einstieg erklärt der Lehrer den Schülern, dass sie Präsentationen zum Thema „London" zusammenstellen dürfen. Die Schüler arbeiten dazu in Gruppen zusammen.
- Der Lehrer führt die Schüler kurz in die Arbeitsweise mit Adobe® Spark Page ein:
  - Auf der Webseite Adobe® Spark (*https://spark.adobe.com/*) klicken die Schüler auf das große Plus auf der Webseite. Nun wählen sie den Reiter „Web Pages". Mit dem Tablet arbeiten die Schüler analog zur Arbeitsweise mit dem Computer via Adobe® Spark App.
  - Danach wählen sie ein Design für ihre eigene Web Page aus. Ist das erfolgt, muss zunächst ein passender Titel und Untertitel für die Präsentation gewählt werden. Mit der Funktion „Photo" und „Find free photos" können lizenzfreie Fotos zum Thema London gefunden und eingefügt werden. Zusätzlich ist es auch möglich, eigene Fotos hochzuladen oder YouTube®- oder Vimeo-Videos einzubinden. Alle Fotos und Videos sollten mit Bildunterschriften und kurzen, selbstverfassten Texten versehen werden. Wichtig ist dabei, dass der Lehrer die Schüler darauf hinweist, dass hier wie bei allen Präsentationen kurze, prägnante Texte gefragt sind.
- Nach etwa 20 – 30 Minuten ⇨ Gruppenarbeit wird die erste Arbeitsphase beendet. Je nach Erfahrung im Konzipieren von Referaten wird nun mehr oder weniger Zeit benötigt, ein paar Notizen oder ganze Sätze auf Spickzettel zu schreiben, die zum Referieren verwendet werden können.
- Durch Klicken auf "Publish and Share Link" können die Schüler einen Link zu ihrer Präsentation erstellen. Nun können die Schülerprodukte per Computer und Beamer oder ⇨ interaktivem Whiteboard gezeigt und besprochen werden. Pro Gruppe präsentieren zwei Schüler die Ergebnisse, während ein anderes Gruppenmitglied die Präsentation am Computer weiterklickt. Gut denkbar ist auch, dass die Schüler ihren Vortrag als Dialog oder Interview gestalten.

Mögliche Fallstricke und Tipps

- Um sicherzustellen, dass die Präsentationen sich stärker unterscheiden, kann man die Themen auch einschränken. Je nach Kenntnisstand der Schüler könnte man Gruppen zu den Unterthemen „shops, museums, transport" etc. einteilen.
- Die Präsentationen werden nicht automatisch gespeichert. Wenn die Schüler nach dem ersten Export noch Änderungen anbringen wollen, müssen sie auf „Publish / Share / Update" klicken.

Erweiterungen und Abwandlungen

- Besonders stimmig wäre eine Unterrichtskonzeption wie oben dargestellt auch als Vorbereitung auf eine Englandfahrt, wobei dann eben Highlights der Reise ansprechend aufbereitet werden können. Auch zum krönenden Abschluss eines Landeskundekapitels kann man gut mit Adobe® Spark arbeiten.
- Adobe® Spark bietet neben Adobe® Page noch weitere Dienste an, mit denen man Videos und Bilder gestalten kann (siehe hierzu auch „3.7 Erklärvideos mit Adobe® Spark Video selbst gestalten", S. 47). Hierzu benötigt man jedoch in der Regel mehr Zeit, da die Schüler zunächst Fotos oder Videos erstellen müssen, die anschließend weiterbearbeitet werden.

Analoge Alternative

Präsentationen lassen sich natürlich auch auf unterschiedliche Weise analog gestalten: Die Schüler können ihre Fotos und Textinhalte auch als Plakate, Lapbooks oder einzelne Blätter einer Wäscheleine vorbereiten und präsentieren. Erfahrungsgemäß wird für die analoge Variante und das damit verbundene Basteln mehr Zeit benötigt – auch dann, wenn der Lehrer geeignetes Bildmaterial stellt.

Beispiele und Infoseiten

- Beispiel für eine Adobe® Spark Web Page zum Thema „London": *https://spark.adobe.com/page/t5UhP6UTxQYgB/*   1
- Tutorial zu Adobe® Spark Page: *https://youtu.be/gpfAHd1df8M*   2

1

2

5.7 Mindmapping-Strategien bei der Vokabelarbeit einsetzen

Klasse 9–11

 45 Minuten

 Erarbeitung, Wiederholung

 Vokabeln zu einem Wortfeld strukturieren und veranschaulichen

Beschreibung

Zur Veranschaulichung von Beziehungen zwischen einzelnen Begriffen und Kollokationen sind in der Vokabelarbeit ⇨ Mindmaps äußerst beliebt. In den unteren Jahrgangsstufen wird häufig mit ⇨ „Word webs" und ⇨ „Word clusters" gearbeitet, während in höheren Klassen auch detaillierte Mindmaps verwendet werden. Lehrerzentrierte Vermittlungsverfahren, bei denen die Schüler eine Mindmap übernehmen, werden den Schülern nicht gerecht, denn eine Mindmap soll zum einen durch ihre Struktur helfen, den Wortschatz besser zu lernen, und zum anderen den individuellen Wissensstand der Schüler widerspiegeln. Beides gelingt erst dann, wenn die Schüler ihre eigene Mindmap erarbeiten oder in Gruppen mit anderen Schülern zusammenarbeiten und dabei ihre eigenen Ideen und ihr Vorwissen einbringen. Der große Vorteil von digital erstellten Mindmaps ist, dass die Schüler diese sehr gut überarbeiten können und Begriffe ohne Probleme verschieben können. Es gibt einige kostenlose Anbieter für Mindmap-Softwares oder Onlineplattformen, mit welchen Mindmaps problemlos erstellt werden können.

Benötigte Materialien und technische Voraussetzungen

- Computer oder Tablet mit Internetzugang pro Kleingruppe (3–4 Schüler)
  - Online-Anwendung zur Erstellung von Mindmaps (z. B. kostenfreie MindMup: *https://app.mindmup.com/map/new/1533729858585*)
  - Alternativ: vorinstallierte Mindmapping-Software (z. B. Edraw MindMaster: *https://www.edrawsoft.com/download-mindmaster.php*)
- (Online-) Wörterbuch, z. B. Dict (*http://dict.cc*), um unbekannte Vokabeln nachschlagen zu können

Ablauf und Methode an einem konkreten Beispiel

- Setting: Erarbeitung und Strukturierung des Vokabulars zum Thema „Jobs"
- Vorbereitung: Der Lehrer sollte sich vorher mit der gewählten Variante der ⇨ Mindmapping-Software vertraut machen. Bei der Edraw MindMaster-Software ist eine vorherige Installation notwendig.
- Im ersten Schritt sollten sich die Schüler mit der Beschäftigungssituation in Großbritannien auseinandersetzen. Gut eignen sich dazu aktuelle Artikel aus englischsprachigen Zeitungen oder Zeitschriften, hier aus dem Business Standard (siehe „Materialhinweise"). Im Artikel sollte möglichst viel Fachvokabular zum Thema vorkommen, das wiederum für die Schüler nur in Teilen neu sein sollte. Die unbekannten Wörter werden mithilfe eines (Online-) Wörterbuchs geklärt.
- Im Unterrichtsgespräch wird das Textverständnis überprüft und Vergleiche zur aktuellen Beschäftigungssituation in Deutschland werden angestellt.
- Der Lehrer präsentiert im nächsten Schritt ein wenn möglich themennahes Beispiel einer gelungenen Mindmap. Dabei soll besonders auf die Struktur der Mindmap eingegangen werden, d. h. die Sortierung nach Überbegriffen, Wortfamilien etc.
- In Kleingruppen arbeiten die Schüler an ihren eigenen Mindmaps. Sie kategorisieren die Vokabeln aus dem Text sowie ihnen bekannte Wörter zum Thema und platzieren sie in ihrer ⇨ Mindmap. Um ihre Mindmap zu erweitern, dürfen auch das Schulbuch und (Online-) Wörterbücher genutzt werden.

- In einer Spionagephase darf jeweils ein Schüler jeder Gruppe zu den Nachbargruppen und sich dort Ideen und Anregungen holen.
- Zum Ende der Arbeitsphase werden die Mindmaps der Schüler verglichen: Welche Überbegriffe wurden häufig verwendet? Wurden Wörter nach Wortfamilien oder nach begrifflicher Ähnlichkeit sortiert?
- Zuletzt werden die Mindmaps fertiggestellt, den Schülern ausgedruckt oder in digitaler Form zugänglich gemacht.

Mögliche Fallstricke und Tipps

- Bevor die Schüler sich an die Mindmaps machen, ist es sinnvoll, dass sie alle Wörter, die ihnen zu einem Wortfeld einfallen, in einem einfachen Brainstorming sammeln. Ein Schüler der Gruppe kann die Vokabeln als Schriftführer notieren.
- Da Vokabeln im Kontext einfacher zu behalten sind, sollte darauf geachtet werden, dass an möglichst vielen Stellen der Mindmaps nicht nur isolierte Einzelwörter stehen, also z. B. lieber „job market" als nur „job".

Analoge Alternative

Mindmaps können natürlich auch auf Papier erstellt werden. Damit die Schüler ihre ⇨ Mindmaps besser überarbeiten können, sollten sie entweder mit Bleistift oder Klebezetteln arbeiten. Die letztere Variante ermöglicht es den Schülern, die Klebezettel beliebig anzuordnen und die Anordnung und Struktur einfach zu verändern.

Materialhinweis, Infoseite und Beispiel

- Business Standard-Artikel zur Beschäftigungssitutation in Großbritannien: *https://www.business-standard.com/article/jobs/unemployment-reaches-record-low-in-uk-as-labour-shortage-hits-companies-118080800120_1.html* [1]
- Infos und hilfreiche Tipps zur Erstellung gelungener Mindmaps (in englischer Sprache): *https://imindmap.com/how-to-mind-map/* [2]
- Beispiel Mindmap zum Thema „Jobs":

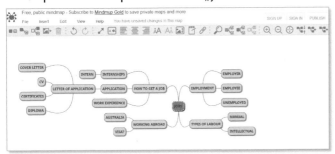

Mit MindMup erstellte Mindmap zum Thema „Jobs"

[1]

[2]

Glossar

Audacity®: Die freie Audioaufnahme- und Audiobearbeitungssoftware ist für alle gängigen Betriebssysteme verfügbar und stellt eine einfache Benutzerschnittstelle bereit, die mit wenig Einarbeitung gute Ergebnisse liefert.

Creative Commons: sind Lizenzen, die eine kostenfreie Nutzung, Weitergabe und zum Teil auch das Verändern von Werken erlauben.
So steht z. B. die Buchstabenfolge „CC-BY-SA" für: CC = Creative Commons, BY = Attribution (Namensnennung), SA = Share Alike (Weitergabe unter gleichen Bedingungen). Das Werk des Autors darf also kostenfrei verwendet und auch verändert werden, wenn sein Name genannt und das veränderte Werk unter die gleichen Bedingungen gestellt wird.

Etherpad: ist ein leeres weißes Blatt Papier im Web, auf dem ein Text von mehreren Personen gleichzeitig bearbeitet werden kann. Jeder Co-Autor erhält eine Farbe zugeordnet, in der die von ihm durchgeführten Änderungen markiert werden.

Gruppenarbeit: Beim Arbeiten mit digitalen Medien ist eine Eins-zu-eins-Zuordnung von Geräten gerade im Englischunterricht nicht immer sinnvoll. Gerade das sprachliche Aushandeln und Verhandeln beim Erstellen und Kritisieren von Medieninhalten steht beim Medieneinsatz im Englischunterricht häufig im Mittelpunkt, sodass Partnerarbeit oder die Arbeit in Kleingruppen von drei bis vier Schülern interaktiver und kommunikativer werden als die Einzelarbeit an einem Gerät.

Hashtag: Mit der auch hash genannten Raute # werden Themen gekennzeichnet (tagged), zum Beispiel auf Twitter® oder Instagram®.

Interaktives Whiteboard: (IWB): ist eine digitale Tafel, deren Schreiboberfläche per Beamer projiziert wird und per Hand oder Stift verändert werden kann. Der angeschlossene Computer kann auf die gleiche Weise bedient werden. Es handelt sich also im Grunde um eine Computer-Beamer-Kombination, die über die Projektionsfläche des Beamers bedienbar ist.

Lernplattform: wird oft auch als Learning-Management-System (LMS) bezeichnet und stellt virtuelle Lernräume zur Verfügung, in denen Lehrer und Schüler u. a. zeit- und ortsungebunden diskutieren, kooperativ und kollaborativ arbeiten, Lernmaterialien und -ergebnisse hoch- bzw. herunterladen oder Tests einstellen und ablegen können.

Mindmaps: In Mindmaps werden Begriffe grafisch anschaulich zueinander in Beziehung gesetzt. Häufig eingesetzte Strukturierungselemente sind Wellenlinien und Pfeile.

OBS Studio: Die Freeware Open Broadcaster Software Studio wird von Vloggern und LetsPlayern verwendet, um ihre Videos aufzuzeichnen. Die aufgenommenen Videos können entweder live ins Internet übertragen oder auf dem Computer für die Nachbearbeitung gespeichert werden.

Podcasts: Als eine Kontamination (blending) aus iPod und Broadcast ist Podcasting heute der Überbegriff für das Erstellen und Zurverfügungstellen von Audioaufnahmen.

QR-Code® (Quick Response-Code): ist ein Quadrat aus schwarzen und weißen Pixeln, das Informationen enthält und mit einem Lesegerät, z. B. einer entsprechenden App, die die Fotolinse des Smartphones nutzt, ausgelesen werden kann. Auf diese Weise können z. B. Texte, Bilder oder Links auf kleiner Fläche und ohne Fehler beim Abtippen weitergegeben werden.

StEx: auch als Gruppenpuzzle bekanntes Unterrichtsverfahren, bei dem Schüler zunächst in Stammgruppen eingeteilt werden. Hier wird die übergeordnete Fragestellung besprochen. Daraufhin werden die Schüler in Expertengruppen aufgeteilt, wo sie sich Wissen erarbeiten, welches sie anschließend in den Stammgruppen teilen.

Glossar

Stop Motion Filme: Aus Einzelbildern zusammengesetzte Trickfilme.

Twitter®: Der bekannte Kurznachrichtendienst ist eins der erfolgreichsten sozialen Netzwerke. Besondere Features sind die (mittlerweile aufgegebene) Beschränkung auf 140 Zeichen sowie die umfassende Nutzung von Hashtags. Lehrer findet man mit dem Hashtag #Twitterlehrerzimmer.

Weblog: In einem Online-Tagebuch werden Gedanken und Ideen einer Person festgehalten. Charakteristika eines Weblogs sind die Verschlagwortung der Artikel mittels Hashtags, eine Kommentarfunktion und die Darstellung in chronologischer Reihenfolge. Beliebte Weblog-Systeme sind wordpress.com und blogger.com.

Word Web: Bei dieser vereinfachten Vorstufe einer Mindmap wird ein Wort in die Mitte geschrieben. Im Kreis um das Wort herum werden passende Begriffe notiert.

Jederzeit optimal vorbereitet in den Unterricht?

» Lehrerbüro!

Hier finden Sie alle Unterrichtsmaterialien

der Verlage Auer, AOL-Verlag und PERSEN

immer und überall online verfügbar.

lehrerbuero.de
Jetzt kostenlos testen!

Das **Online-Portal** für Unterricht und Schulalltag!